中等职业教育改革创新示范教材
职业院校汽车车身修复专业实训教材

Qiche Banjin Changjian Weixiu Xiangmu Shixun Jiaocai

汽车钣金常见维修项目实训教材

（第2版）

中国汽车维修行业协会　组织编写
　　　　　　林育彬　主　编
葛建峰　刘伟俭　副主编

人民交通出版社股份有限公司
北京

内 容 提 要

本书为教育部中等职业教育改革创新示范教材、职业院校汽车车身修复专业实训教材,从汽车维修企业生产一线中精选最常见的钣金维修作业项目共计12个,作为实训课教学内容,主要包括:外形修复机整形、电阻点焊、气体保护焊、车门饰板的拆装与更换、车窗玻璃及玻璃升降器拆装与更换、门锁机构拆装与更换、后视镜的拆装与更换、前保险杠总成拆装与更换、前照灯总成拆装与更换、发动机舱盖的拆装与更换、前翼子板总成拆装与更换、前风窗玻璃总成拆装与更换。

本书可作为中等职业学校及技工院校汽车车身修复专业的教材,也可供相关从业人员阅读。

图书在版编目(CIP)数据

汽车钣金常见维修项目实训教材/林育彬主编. —2版. —北京:人民交通出版社股份有限公司, 2021.1
ISBN 978-7-114-16904-5

Ⅰ.①汽… Ⅱ.①林… Ⅲ.①汽车—钣金工—维修—中等专业学校—教材 Ⅳ.①U472.4

中国版本图书馆 CIP 数据核字(2020)第 203406 号

书　　名:	汽车钣金常见维修项目实训教材(第2版)
著 作 者:	林育彬
责任编辑:	李　良
责任校对:	赵媛媛
责任印制:	刘高彤
出版发行:	人民交通出版社股份有限公司
地　　址:	(100011)北京市朝阳区安定门外外馆斜街3号
网　　址:	http://www.ccpcl.com.cn
销售电话:	(010)59757973
总 经 销:	人民交通出版社股份有限公司发行部
经　　销:	各地新华书店
印　　刷:	北京市密东印刷有限公司
开　　本:	787×1092　1/16
印　　张:	9.25
字　　数:	220千
版　　次:	2011年8月　第1版 2021年1月　第2版
印　　次:	2024年5月　第2版　第3次印刷　总计第11次印刷
书　　号:	ISBN 978-7-114-16904-5
定　　价:	40.00元

(有印刷、装订质量问题的图书,由本公司负责调换)

职业院校汽车车身修复专业实训教材
编写委员会

主　　　任：康文仲

副 主 任：刘　杰　于　敏　孟　秋

委　　　员：（排名不分先后）

　　　　　　张京伟　朱　军　王凯明　渠　桦　魏荣庆

　　　　　　林邦安　李怡民　高　巍　卞良勇　邱世军

　　　　　　刘　亮　壮　强　刘同敏　朱勇兵　汪仕选

　　　　　　汪胜国　王文舜　王振军

丛书主编：朱　军

本书主编：林育彬

本书副主编：葛建峰　刘伟俭

本书主审：刘　亮

支持单位：宁波交通工程学校（宁波市鄞州职业高级中学）

　　　　　　奔腾汽车检测维修设备制造有限公司

　　　　　　镇江市盛行汽车自动化科技开发有限公司

序言

随着汽车工业的飞速发展,特别是电控技术在汽车上的广泛应用,对汽车维修技术的要求越来越高,掌握现代维修技术的技能型人才十分短缺。因此,教育部、原交通部等六部委启动的"实施职业院校制造业和现代服务业技能型紧缺人才培养培训工程"将"汽车运用与维修"列入第一批的四个专业领域之一,但由于传统的实训课程内容和模式已不能完全适应汽车维修企业的实际需要,所以,探索汽车维修实训课程教学内容和教学模式,是汽车维修职业教育改革的重点内容。选择哪些作业项目作为实训课的教学内容,采用什么教学方法作为实训课的教学模式,是汽车维修教学中最重要的问题。

汽车维修职业教育的培养定位,是为汽车维修企业培养能够实现零距离上岗就业的一线技术工人。因此,实训课最重要的就是要解决"教什么"和"怎么教"的问题。

本套实训教材正是为深入贯彻落实教育部办公厅、原交通部办公厅、中国汽车维修行业协会和中国汽车工业协会《关于确定职业院校开展汽车运用与维修专业领域技能型紧缺人才培养培训工作的通知》(教职成厅〔2003〕6号)的精神,紧扣"培养培训指导方案"的要求,来探讨实用汽车维修作业项目实训课实车工艺化教学方法的,在教学内容上大量采用的是源自汽车维修一线的实用作业项目,教学方法则采用在实车上按照实训课工艺化教学要求来完成的教学模式,使每个作业项目直接针对实际的整车来完成,增加了实景实车教学的现场感,增强了学生对实车修理过程的真实感。

我希望这种汽车维修职业教学实训课程开发的新思路和新理念,能够使汽车维修职业学校的学生更快地融入汽车维修企业的生产实践中,实现零距离上岗就业,为广大的汽车维修企业提供高素质、掌握现代汽车维修技术的技能型人才。

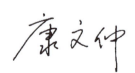

为了深入贯彻落实教育部办公厅、交通部办公厅、中国汽车维修行业协会和中国汽车工业协会《关于确定职业院校开展汽车运用与维修专业领域技能型紧缺人才培养培训工作的通知》的精神，在中国汽车维修行业协会的牵头下，组织了王凯明、朱军等一批业内知名专家，以及德州交通职业中等专业学校和宁波市鄞州职业高级中学的老师，于2009年推出了"职业院校汽车运用与维修专业实训教材"4本，2011年推出了"职业院校汽车车身修复专业实训教材"2本，共6本实训教材。这套教材解决了职业院校实训课"教什么"和"怎么教"的问题，出版以来，反馈良好，已数次重印。

近年来，汽车行业飞速发展，职教改革不断深入，对汽车专业的教学提出了新的要求，因此，在中国汽车维修行业协会的牵头下，2016年下半年启动了这6本实训教材的修订工作。本次修订参考了《中等职业学校专业教学标准（试行）》中汽车车身修复专业（专业代码082600）教学标准，增加了一些新内容，剔除了一些旧内容，对章节结构进一步梳理、重新调整，使内容更加贴近教学要求，旨在为新形势下的汽车职业教育提供更好的服务。

《汽车钣金常见维修项目实训教材》是其中一本，本书第一版于2012年11月12日被教育部遴选为首批中等职业教育改革创新示范教材。此次修订进一步规范了汽车钣金的标准工艺，新增三个实训项目，删除了部分陈旧内容，从而使教材内容更加完善。

本书由宁波市鄞州职业高级中学林育彬担任主编，由宁波市鄞州职业高级中学葛建峰、刘伟俭担任副主编。

限于编者的经历和水平，书中难免有不妥或错误之处，敬请广大读者批评指正，提出修改意见和建议，以便再版修订时改正。

职业院校汽车车身修复专业实训教材编写委员会
2020年8月

目 录

项目一 外形修复机整形
一、项目说明 …………………………… 1
二、技术标准与要求 …………………… 2
三、实训时间 …………………………… 2
四、实训教学目标 ……………………… 2
五、实训器材 …………………………… 2
六、教学组织 …………………………… 3
七、操作步骤 …………………………… 3
八、考核标准 …………………………… 7

项目二 电阻点焊
一、项目说明 …………………………… 8
二、技术标准与要求 …………………… 10
三、实训时间 …………………………… 10
四、实训教学目标 ……………………… 10
五、实训器材 …………………………… 10
六、教学组织 …………………………… 10
七、操作步骤 …………………………… 10
八、考核标准 …………………………… 14
知识拓展 ………………………………… 15

项目三 气体保护焊
一、项目说明 …………………………… 16
二、技术标准与要求 …………………… 19
三、实训时间 …………………………… 19
四、实训教学目标 ……………………… 19
五、实训器材 …………………………… 19
六、教学组织 …………………………… 20
七、操作步骤 …………………………… 20
八、考核标准 …………………………… 29
知识拓展 ………………………………… 30

项目四 车门饰板的拆装与更换
一、项目说明 …………………………… 31
二、技术标准与要求 …………………… 32
三、实训时间 …………………………… 32
四、实训教学目标 ……………………… 32
五、实训器材 …………………………… 32
六、教学组织 …………………………… 33
七、操作步骤 …………………………… 33
八、考核标准 …………………………… 41
知识拓展 ………………………………… 42

项目五 车窗玻璃及玻璃升降器拆装与更换
一、项目说明 …………………………… 43
二、技术标准与要求 …………………… 44
三、实训时间 …………………………… 44
四、实训教学目标 ……………………… 44
五、实训器材 …………………………… 45
六、教学组织 …………………………… 45
七、操作步骤 …………………………… 45
八、考核标准 …………………………… 54
知识拓展 ………………………………… 55

项目六 门锁机构拆装与更换
一、项目说明 …………………………… 57

二、技术标准与要求 …………… 59
三、实训时间 …………………… 59
四、实训教学目标 ……………… 59
五、实训器材 …………………… 59
六、教学组织 …………………… 59
七、操作步骤 …………………… 60
八、考核标准 …………………… 68
知识拓展 ………………………… 69

项目七 后视镜的拆装与更换

一、项目说明 …………………… 71
二、技术标准与要求 …………… 72
三、实训时间 …………………… 73
四、实训教学目标 ……………… 73
五、实训器材 …………………… 73
六、教学组织 …………………… 73
七、操作步骤 …………………… 73
八、考核标准 …………………… 78
知识拓展 ………………………… 79

项目八 前保险杠总成拆装与更换

一、项目说明 …………………… 81
二、技术标准与要求 …………… 82
三、实训时间 …………………… 82
四、实训教学目标 ……………… 82
五、实训器材 …………………… 83
六、教学组织 …………………… 83
七、操作步骤 …………………… 83
八、考核标准 …………………… 92
知识拓展 ………………………… 93

项目九 前照灯总成拆装与更换

一、项目说明 …………………… 94
二、技术标准与要求 …………… 96
三、实训时间 …………………… 96
四、实训教学目标 ……………… 96
五、实训器材 …………………… 96
六、教学组织 …………………… 96

七、操作步骤 …………………… 97
八、考核标准 …………………… 101
知识拓展 ………………………… 101

项目十 发动机舱盖的拆装与更换

一、项目说明 …………………… 103
二、技术标准与要求 …………… 104
三、实训时间 …………………… 104
四、实训教学目标 ……………… 104
五、实训器材 …………………… 105
六、教学组织 …………………… 105
七、操作步骤 …………………… 105
八、考核标准 …………………… 112
知识拓展 ………………………… 113

项目十一 前翼子板总成拆装与更换

一、项目说明 …………………… 114
二、技术标准与要求 …………… 115
三、实训时间 …………………… 115
四、实训教学目标 ……………… 115
五、实训器材 …………………… 115
六、教学组织 …………………… 115
七、操作步骤 …………………… 115
八、考核标准 …………………… 127
知识拓展 ………………………… 128

项目十二 前风窗玻璃总成拆装与更换

一、项目说明 …………………… 130
二、技术标准与要求 …………… 131
三、实训时间 …………………… 131
四、实训教学目标 ……………… 131
五、实训器材 …………………… 131
六、教学组织 …………………… 132
七、操作步骤 …………………… 132
八、考核标准 …………………… 139
知识拓展 ………………………… 140

项目一 外形修复机整形

一、项目说明

现代汽车车身的结构日趋复杂,空间结构非常紧凑,按传统修复工艺进行车身外板凹陷的修复时很难触及内部板件。为适应现代汽车维修的发展,广泛利用一项新技术,即外形修复机修理车身外板损伤。

1. 外形修复机的拉拔原理及工作原理

车身外形修复机是对车辆外表面进行整形修复的设备,外形修复机也称介子机,为电阻焊的一种。采用高频脉冲电子控制电路,利用电极头上夹持各种附件与钢板接触,通过大电流,使接触部位产生电阻热,获取与需求相对应的各种功能。配合各种专用工具,无须拆解车体即可在车身表面作业,能快捷、完美地整形修复损坏部位,外形修复工作原理见下图。

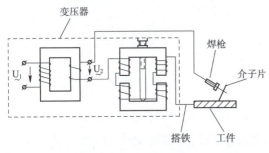

车身外形修复机焊接后向外拉拔的原理,等同于手锤与垫铁作业时的虚敲作业。虚敲作业是将垫铁放置在钢板凹陷较低的内侧部位,外形修复机修复是将介子焊接在钢板凹陷较低的钢板表面部位,向外拉出,以取代从内侧向外压出的垫铁。

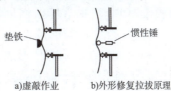

a)虚敲作业　　b)外形修复拉拔原理

2. 外形修复机的组成

外形修复机的主机内部结构并不复杂,主要由交流焊机变压器、控制线路电脑板、交流接触器及功能选择面板组成。根据修理时所需要的功能不同,通过焊枪夹持各种专用附件,将其焊接于受损板件表面上,实现所需要的修理目的。

3. 外形修复机的功能

外形修复机常见功能包括垫片焊接、蛇形线焊接、与滑动锤安装一起的三角片焊接及收缩作业等。市场上的外形修复机种类较多,功能不一,采用外形修复机修复工艺前,应仔细阅读外形修复机使用说明书,严格按照流程规范进行钢板修复作业。

(1)垫片焊接配合惯性拉锤作业。汽车钣金修复中,对于一般的普通凹陷,可采用焊接单个或多个垫片配合惯性拉锤修复。

惯性拉锤轻轻撞击手柄时,利用撞击力将凹陷慢慢带出,使表面恢复原状。

(2)蛇形条和抓拉钩配合拉锤作业。大面积的凹陷变形,单独焊接一个或多个圆垫片作业,既费时又费力。为了提高修复的工作效率,减轻劳动强度,可采用蛇形条进行作业。蛇形条和抓拉钩的修复原理与同焊一排平行的圆垫圈,中间插一根铁棒,然后拉锤进行作业的原理相同。现代的外形修复设备已很少配蛇形条和抓拉钩附件,主要原因为蛇形条焊接强度不够,容易烧断。

(3)真空吸盘配合拉锤作业。车身遭受损伤时,如果损伤部位面积较大但较为平顺,且漆膜没有划痕、脱落等损伤现象。可采用真空吸盘配合拉锤对凹陷部位进行无损伤修复,利用吸盘在凹陷部位形成真空吸力,吸住凹陷板件表面,配合拉锤的惯性作用实现修复。

(4)碳棒作业。碳棒具有与氧乙炔焊加热一样的功能,但是碳棒比氧乙炔焊加热更加集中,碳棒具有加热变形小、不会降低板件强度、容易操作等优点。当车身钢板较厚、不能用单点焊接功能时,可用碳棒黏结。同时碳棒具有可进行热收缩、淬火的功能。

二、技术标准与要求

(1)打磨旧漆膜时,一定要打磨干净,防止在使用外形修复机焊接时受损区造成二次损伤。

(2)外形修复机焊接时,必须匹配焊接电流和焊接时间,并在相应位置进行试焊,防止因焊接电流过大或焊接时间过长而烧穿板件。

(3)拉伸修复作业时,拉锤与板件成垂直角度,沿受损力相反方向拉伸修复板件。

(4)修复完毕,使用研磨设备将板件的焊接氧化点彻底打磨干净,并需对维修板件表面及背面做防腐处理。

三、实训时间

理论课时为 2 课时,实操课时为 8 课时。

四、实训教学目标

1. 知识目标

(1)了解外形修复机的组成部件,以及其工作和拉拨原理。

(2)了解外形修复机修理损伤时,具有的功能及特点。

(3)了解板件修复过程中的安全事项及个人防护。

2. 技能目标

(1)掌握使用外形修复机修理不同变形的方法。

(2)掌握热收缩的原理和使用外形修复机对钢板进行热收缩。

(3)掌握外形修复机修复钢板变形的工艺过程。

五、实训器材

棉纱手套、耳罩、防护镜、防尘口罩、圆盘式打磨机、吹尘枪、外形修复机、车门固定支架。

项目一　外形修复机整形

六、教学组织

1. 教学组织形式

每个工位安排 4 名学生参与实训，2 名学生为一组，单人操作，另 1 名学生辅助。一组操作，一组观察学习。

2. 学生站位分工和要求

2 名学生一组，按照 1 号、2 号进行编号，1 号为主，2 号为辅助。

3. 实训教师职责

讲解操作步骤和注意事项；下达"操作开始"口令；工位间巡视、检查、指导和纠正错误。

4. 学生职责变换

2 名学生实行职责变换制度，即第一遍 1 号为主，2 号辅助；第二遍 2 号为主，1 号辅助。

七、操作步骤

第一步　准备工作

参训学生将工位的卫生打扫干净，排除障碍物，准备好相关的工具、物品等。

提示

（1）培养良好的工作习惯，做好事前准备，有利于安全操作和提高工作效率。

（2）参训学员穿戴好相应的防护用品，等待实训教师下达操作口令。

第二步　判断损伤范围

1 目视判断法。

提示

（1）从正面、侧面、上面、下面分别观察损伤区域的变形量情况，通过目视判断损伤的类型、程度、范围，初步确立整形方案。

（2）也可通过另外两种判断损伤范围的方法初步确立整形方案，分别是手摸法和测量法（具体不做详细说明）。

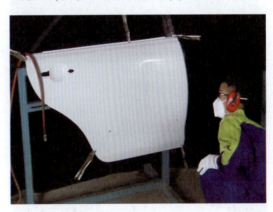

2 直尺测量法。

提示

利用直尺测量损伤区域，并用记号笔标记最大损伤直径。

3 连接损伤区域。

> 提示
>
> 用记号笔连接测量时做出的标记点。

第三步 损伤区域打磨

1 损伤区域的平面打磨。

> 提示
>
> 圆盘式打磨机配合60目砂纸,打磨损伤区域的平直表面。

2 损伤区域凹陷位置打磨。

> 提示
>
> 带式打磨机配合带式砂纸,打磨损伤区域的凹陷表面。

第四步 外形修复机使用

1 外形修复机附件的拉锤安装。

> 提示
>
> 拉锤附件插入焊枪的开口处,并用螺栓拧紧工具拧紧焊枪固定螺栓。

2 外形修复机的搭铁夹持。

> 提示
>
> 搭铁放于受损门板预先打磨好的搭铁区域,并利用相应的固定工具固定外形修复机的搭铁线。

项目一　外形修复机整形

3　调节外形修复机参数。

提示

打开外形修复机的控制开关,选择三角片焊接功能,并匹配焊接电流与焊接时间参数。

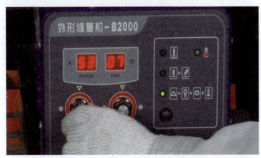

4　三角焊片拉伸作业功能试焊。

提示

(1)靠近搭铁较近且不必修理的位置进行试焊,观察试焊点形状,根据实际修理所需的焊接强度进行适当的调整。

(2)通常凹陷越深所需的焊接强度越大,相反,则越小。

5　门板整形作业。

提示

三角焊片焊于门板损伤区域,利用惯性锤的撞击力将凹陷损伤沿受损力相反方向拉出,拉伸操作过程中,需不断地用钣金锤敲击三角焊片周围,以达到放松应力的目的,直至修复平整。

6　外形修复机拉拔器与钢板表面垂直示意图。

提示

拉拔器与钢板表面不垂直会产生分力,影响修复的效果。

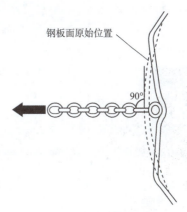

7　使用钣金锤敲击示意图。

提示

钣金锤敲击时,如果敲击方法不正确,会使板件产生分力,受分力影响,可能会产生其他方式的变形,加大修理难度。

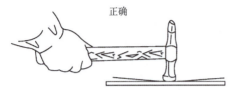

8 功能键选择收火作业。

> 提示

按动选择功能键按钮,将外形修复机调至收火作业功能,并调节焊接电流至适当的参数值。

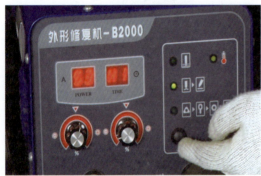

9 收火作业功能试焊。

> 提示

靠近搭铁较近且不必修理的位置进行试焊,观察试焊点热收缩加热情况,根据实际修理所需的热缩收热量进行适当的调整。

10 热收缩作业。

> 提示

(1)热收缩作业需根据门板修复时的凸点情况,决定碳棒在板件上的停留时间。

(2)热收缩的原理为热胀冷缩原理,现代修理工艺不允许使用水进行快速冷却,一般使用压缩空气进行快速冷却。

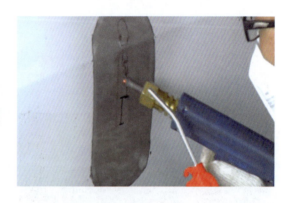

第五步 7S 整 理

7S 整理。

> 提示

按照 7S 管理标准,整理操作工位及场地。

八、考核标准

考 核 标 准 表

考核时间	序号	考核项目	满分	评分标准	得分
40min	1	安全防护	2	操作时不戴手套扣2分	
			2	操作时不戴护目镜(戴眼镜不够)扣2分	
			2	操作时不戴防尘口罩扣2分	
			2	操作时不戴耳罩扣2分	
			2	操作时不穿安全鞋扣2分	
	2	工具使用规范	10	不能正确使用拉锤扣10分	
			10	不能正确使用外形修复机扣10分	
			10	不能正确使用气枪扣10分	
	3	质量控制	45	修复部位形状低于板面高度≥1mm一处扣4分(长度≤5mm为一处),扣完为止	
				修复部位形状高于板面高度一处扣8分(长度≤5mm为一处),扣完为止	
				修复后,原折痕位置有明显痕迹一处扣1分,(长度≤5mm为一处),扣完为止	
	4	车间7S管理	5	大声吵闹扣5分	
			5	乱扔垃圾扣5分	
			5	未按7S标准整理工位及场地扣5分	
		分数合计	100		

项目二 电阻点焊

一、项目说明

电阻点焊焊接具有以下优点:降低成本,不消耗焊丝、焊条或气体,焊接过程中不产生烟或蒸气,焊接时不需要去除板件上的镀锌层,焊接接头的外观质量与制造厂的焊接接头完全相同,不需要对焊缝进行研磨、速度快,只需 1s 或更短的时间便可焊接高强度钢、超高强度钢、高强度低合金钢或低碳钢等,而且焊接强度高、受热范围小、金属不易变形等。

1. 电阻点焊原理

电阻点焊是将被焊工件压紧于两电极之间,并通过电流利用电流流经工件接触面及邻近区域产生的电阻热将其加热到熔化或塑性状态,使之形成金属结合的一种方法,电阻点焊焊接由四个基本阶段组成。

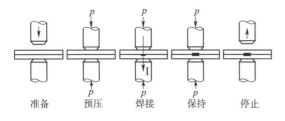

2. 电阻点焊设备

电阻点焊设备一般由三个主要部分组成。以电阻焊变压器为主,包括电极与二次回路组成的焊接回路;由机架和有关夹持工件以及施加焊接压力的传动机构组成的机械装置;能按要求接通电源,并可控制焊接程序中各个阶段时间及调节焊接电流的控制电路。

3. 电阻点焊的使用

(1)电极压力。两个金属板件焊接的机械强度与焊枪电极施加在金属板上的力有直接的关系,可通过焊机上的气压表调节焊接压力的大小,一般电阻点焊焊接压力应在 0.5~0.8MPa 范围。

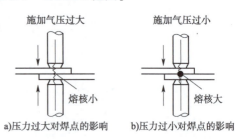

a)压力过大对焊点的影响 b)压力过小对焊点的影响

焊枪电极的压力过小、电流过大都会产生焊接飞溅物,导致焊接接头强度降低。

焊枪电极压力过大会使焊点过小,降低焊接部位的机械强度。焊枪压力过高会使电极头压入被焊金属,压入深度过大使焊接质量降低。焊点被电极压入的深度不能超过板厚的一半。

(2)焊接电流。给金属板加压后,一股很强的电流流过焊枪电极,然后流入两个金属板件,金属板的接合处电阻值最大,电阻热使温度迅速上升,如果电流不断流过,金属便熔化并熔合在一起。焊接电流的大小可通过控制面板上的电流调节旋钮进行调节。

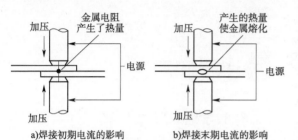

a)焊接初期电流的影响　　b)焊接末期电流的影响

电流太大或焊枪电极的压力大小,将会产生内部溅出物,适当减小电流强度或增加压力,便可使焊接飞溅物减少到最小值。

一般通过对焊点部位的颜色变化就可以判断电流的大小,焊接电流正常时焊点中间电极触头接触部分的颜色不会发生变化,与未焊接之前的颜色相同。焊接电流大时焊点中间电极触头接触部分的颜色变深并呈蓝色。焊接电流小时焊点中间电极触头接触部分的颜色不会发生变化,焊点中间层和外层颜色变淡且压痕也会较浅。

(3)焊接时间。电流停止后,焊接部位熔化的金属开始冷却,凝固的金属形成了圆而平的焊点。焊点施加的压力合适会使焊点的结构非常紧密,有很高的机械强度。焊接时间可通过控制面板上的调节旋钮进行调节,焊点熔核大小的影响见下图。

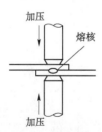

焊接时间是一个非常重要的因素,时间太短会使金属熔合不够紧密,时间太长会使金属烧蚀,影响焊接质量,焊接时间可参考说明书上的规定值。一般车身修理所用的焊接时间最好在1/6~1s(10~60次循环/min)范围内。

4. 电阻点焊焊接质量检验

焊点质量可采用外观目测和破坏性试验两项内容进行检验:破坏性试验用于检验焊接的强度,而外观检验是判断焊接的外观质量。

(1)外观检验。除用肉眼看和手摸来检验焊接处的表面粗糙度外,还有下列项目需要检验:

①焊接位置:应处于板件边缘的中心,不得产生电极头孔,不得小于最小焊接间距,不可超过规定边缘距离,不能在规定的角落内焊接,还要避免在原有的焊接过的焊点位置进行焊接。

②焊点的数量:焊点的数量应大于汽车制造厂焊点数量的30%。

③压痕(即电极头压痕):焊接表面的压痕深度不能超过金属板厚度的一半。

(2)破坏性试验。

①扭曲试验:扭曲后在其中一片焊片上留下一个与焊点直径相同的孔。如果孔过小或根本就没有孔,说明焊点的焊接强度太低,需要重新调整焊接参数。

②撕裂试验:撕裂后在其中一个焊片上留有一个大于焊点直径的孔。如果留下的孔过小或根本没有孔,说明焊点的焊接强度太低,需要重新调整焊接参数。

(3)试验参考数据。

①外观检焊片的焊点上有熔穿孔、气孔>1mm、飞溅物≥3个、焊点外圈不连续、焊点颜色全部变蓝等缺陷判定焊点焊接质量不合格。

②外观检测焊点直径≥4mm。

③扭曲破坏试验后,工件上有≥4mm的孔洞。

④撕裂破坏试验后,工件上有≥5mm的孔洞。

二、技术标准与要求

（1）电阻点焊的焊接位置应严格遵守图样要求,如焊接间距、角位置焊接等,焊接头的数量也应符合图样规定。

（2）焊接前,焊片应清洁干净,板面上不能有油污、锈蚀等。

（3）清洁划线后的焊片,夹紧时注意调整大力钳的夹紧力,不能有缝隙产生。

三、实训时间

理论课时为2课时,实操课时为8课时。

四、实训教学目标

1. 知识目标

（1）了解电阻点焊设备的组成部件,以及其工作原理。

（2）熟悉电阻点焊设备正确的安装、使用及调整方法。

（3）了解电阻点焊使用过程中的安全事项及个人防护。

2. 技能目标

（1）会根据不同的连接条件,选用不同的电阻点焊焊接模式和参数。

（2）掌握电阻点焊的操作,工艺流程及注意事项。

五、实训器材

电阻点焊机、焊接工作台、钣金工作台、透明面罩、大力钳。

六、教学组织

1. 教学组织形式

每个工位安排4名学生参与实训,2名学生为一组,单人操作,另1名学生辅助。一组操作,一组观察学习。

2. 学生站位分工和要求

2名学生一组,按照1号、2号进行编号,1号为主,2号为辅助。

3. 实训教师职责

讲解操作步骤和注意事项;下达"操作开始"口令;工位间巡视、检查、指导和纠正错误。

4. 学生职责变换

2名学生实行职责变换制度,即第一遍1号为主,2号辅助;第二遍2号为主,1号辅助。

七、操作步骤

第一步 准备工作

参训学生将工位的卫生打扫干净,排除障碍物,准备好相关的工具、物品等。

提示

（1）培养良好的工作习惯,做好事前准

备,有利于安全操作和提高工作效率。

(2)参训学员穿戴好相应的防护用品,等待实训教师下达操作口令。

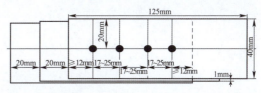

3 划线。

> 提示

根据图样的焊接间距、焊点数量等技术要求,利用直尺和划线笔在试焊片上分别划出相应的辅助线。

第二步 清洁并划线

1 清洁试焊片。

> 提示

(1)用抹布擦拭试焊片正反面上的油污、灰尘等附着物质。以免电流通过时产生分流,影响焊接强度。

(2)镀锌钢板,表面的镀锌层应保留,不能清除。

第三步 板件固定作业

1 固定试焊片。

> 提示

(1)调整大力钳夹紧力度,并将2块或3块试焊片叠加起来夹紧。

(2)试焊片夹紧状态下,焊片之间应贴合牢固无缝隙。

2 焊接示意图。

> 提示

仔细阅读示意图,观察各焊接点之间的焊接间距、技术要求等。

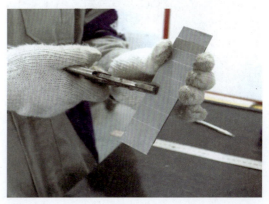

2 焊接工作台架固定(立焊方式)。

> 提示
>
> (1)依据焊接方式不同,将试焊片固定至焊接工作台架的横臂上。
> (2)焊接方式有平焊、立焊、仰焊等,这里采取立焊的方式举例。

第四步 设备使用

1 电源开关。

> 提示
>
> Bantam-Fan I 电阻点焊机的电源开关为二挡开关,"O"为关闭挡位,"I"为开启挡位。

2 气压表。

> 提示
>
> 气动焊钳的压力设定在 0.6~0.8MPa,如果压力小于 0.6MPa 或者大于 0.8MPa,会达不到标准的焊接质量。

3 焊接模式。

> 提示
>
> (1)按模式开关按钮,选择焊钳模式。
> (2)Bantam-Fan I 电阻点焊机具有焊钳模式、双脉冲焊钳模式、单面点焊模式、单面点焊双脉冲模式。

4 焊接电流。

> 提示
>
> (1)电流调节开关旋转至适当的数值,一般情况设备的默认数值为 75%。
> (2)焊接时,试焊片的厚度、数量、当地

的电压值等都会影响焊接强度,必须进行试焊调整,直至强度达到标准范围。

5 焊接时间。

> **提示**
> (1)时间调节开关旋转至适当的数值,一般情况设备的默认数值为70%。
> (2)焊接时,试焊片的厚度、数量、当地的电压值等都会影响焊接强度,必须进行试焊调整,直至强度达到标准范围。

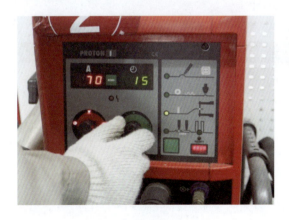

第五步 焊接作业

1 电阻点焊焊接。

> **提示**
> (1)按照图样划线尺寸,进行电阻点焊焊接作业。
> (2)焊接时,需进行跳焊的方式焊接,防止焊接热量过于集中,影响焊接强度。
> (3)焊钳开关有两挡模式,轻按起动开关预紧焊夹,并调整电极和电极臂与工件的位置,待符合要求后,按下开关进行焊接。

2 正确的电极和电极臂状态。

> **提示**
> (1)电极必须与工件保持垂直状态,防止焊接时产生焊点失圆、中心偏斜等缺陷。
> (2)电极臂必须与工件保持平行状态,防止焊接时影响焊接强度。

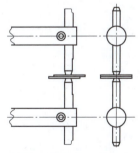

3 错误的电极和电极臂状态。

> **提示**
> 焊接时,电极和电极臂状态不正确,不但会影响焊接质量,还会加剧电极和电极臂

的磨损程度,影响设备使用寿命。

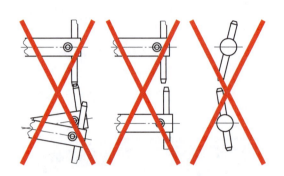

4 焊接完成。

高质量的焊接工件,焊点间距尺寸应符合要求,焊点中心处于十字交叉线位置,焊点没有偏斜现象,热扩散区域应连续均匀展开。

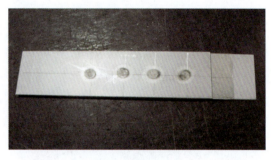

第六步 7S 整 理

7S 整理。

按照 7S 管理标准,整理操作工位及场地。

八、考核标准

考核标准表

考核时间	序号	考核项目	满分	评分标准	得分
40min	1	安全防护	4	操作时不戴焊接手套扣4分	
			4	操作时不戴透明面罩扣4分	
			4	操作时不穿工作服扣4分	
			4	操作时不穿安全鞋扣4分	
	2	设备使用规范	5	不能正确调整焊接气压扣5分	
			5	不能正确选择焊接模式扣5分	
			5	不能正确调整焊接电流扣5分	
			5	不能正确调整焊接时间扣5分	
	3	工具使用规范	4	不能正确使用大力钳扣4分	
			4	不能正确固定试焊片扣4分	
			4	不能正确使用焊接台架扣4分	

续上表

考核时间	序号	考核项目	满分	评分标准	得分
40min	4	质量控制	40	焊点间的尺寸不符合质量标准,每不正确一个扣5分,扣完为止	
				焊点的表面外观不符合质量标准,每不正确一个扣5分,扣完为止	
				未使用跳焊方式焊接不得此项分	
	5	车间7S管理	4	大声吵闹扣4分	
			4	乱扔垃圾扣4分	
			4	未按7S标准整理工位及场地扣4分	
		分数合计	100		

知识拓展

电阻点焊的注意事项

(1) 焊接时要注意焊接顺序,不能沿一条直线一个方向的顺序焊接,应采用下图所示的正确焊接顺序进行,这样才能减小板件的焊接变形。

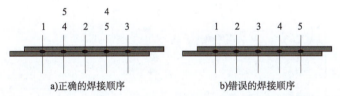

a) 正确的焊接顺序　　　　b) 错误的焊接顺序

(2) 转角位置处理,前立柱和中立柱的上角,后翼子板的前上角,前、后风窗玻璃窗框的转角处进行电阻点焊时,应避开转角半径区域进行焊接,否则会产生应力集中而导致裂缝。

(3) 如果电极头过热变色,应停止作业,待冷却后才能继续焊接作业。

(4) 电阻点焊对车身正式焊接前,必须先用与修理车身板件材质相同的材料进行试焊,通过质量检验合格后再用相同的参数进行正式焊接。

项目三　气体保护焊

一、项目说明

使用熔化电极,以外加气体作为电弧介质,并保护金属熔滴、焊接熔池和焊接区高温金属的电弧焊方法,称为气体保护焊。

1. 工作原理特性及组成

气体保护焊是利用以恒定速度自动进给的焊丝作为一个电极,在母材和焊丝间产生短电弧。电弧的热量将焊丝熔化,将母材连接起来。由于焊丝是以恒定速度自动进给的,这种方法又称半自动电弧焊。

二氧化碳气体保护焊又称 MIG 焊(熔化极惰性气体保护焊),二氧化碳气体保护焊由钢瓶、减压阀、主机、调节装置、焊枪、送丝机构等组成。

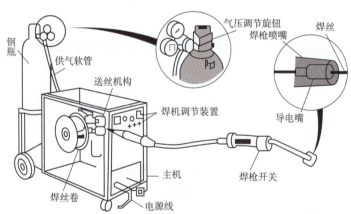

2. 二氧化碳气体保护焊设备

二氧化碳气体保护焊主要通过匹配焊接参数、调节送丝机构及供气装置、控制焊接方式、选用合适的焊丝直径来实现预想的焊接效果。

（1）控制面板。焊接时主要通过调节控制面板上的调节按钮控制内置变压器变化来实现不同的焊接需求。

（2）送丝机构。焊接时送丝机构确保焊丝不间断地进行送丝,保证焊接质量。通过调节压紧手柄的松紧度,有效地控制焊丝通过送丝机构,防止卡滞。送丝机构根据送丝导轮的数量不同,可分为单轮送丝结构和双轮送丝结构。

（3）焊枪。焊枪是指焊接过程中,执行

焊接操作的部分,它使用灵活,方便快捷,工艺简单。并将焊丝引导至焊接部位,还通过气体分配阀,控制焊接质量。

(4)保护气体。焊接作业时,焊接一般用纯CO_2气体或$CO_2 + Ar$的混合气体。混合气体的比例为:75% Ar + 25% CO_2 或 80% Ar + 20% CO_2 两种,这两种混合气体通常被称为 CO_2 - 25 气体、CO_2 - 20 气体。采用CO_2气体保护可使焊接熔深加大,使电弧变得比较粗糙且不够稳定,这将使焊接时的飞溅物增加。所以,在较薄的材料上进行焊接时,最好使用混合气体。

混合气体通常储存在钢瓶中,使用时需要通过减压阀减压,调节气体流量。焊接时,一般保护气体的流量要达到10~15MPa。如果保护气体的流量过大,将会形成涡流而降低保护层的效果。如果流出的气体过小,保护层的效果也会降低。应根据喷嘴和母材之间的距离、焊接电流、焊接速度以及焊接环境(焊接部位附近的空气流)来调整保护气体的流量。

(5)焊丝。车身修理中使用的焊丝的种类是AWS - 70S - 6,AWS表示碳钢焊丝,70S表示焊接后最小抗拉强度为70KSI(约为480MPa)的实芯焊丝,6表示焊丝直径为0.6mm。目前使用的焊丝直径一般为0.6~0.8mm,使用小直径焊丝可以在弱电流、低电压条件下焊接,这就使进入母材的热量大为减少。

3.二氧化碳气体保护焊焊接参数的调整

焊接时,需要对一系列参数进行调整(有些参数的数值都是可调的):如焊接电流、导电嘴与母材之间的距离、焊枪角度、焊接方向、保护气体的流量、焊接速度和送丝速度等。大多数制造厂都提供一份表格,列出了焊机各种参数的调整范围。

(1)焊接电流。焊接电流的大小会影响母材的焊接熔深、焊丝熔化的速度、电弧的稳定性、焊接飞溅物的数量,如下图所示。随着电流的增加,焊接熔深、剩余金属的高度和焊缝的宽度也会增大。

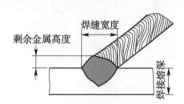

(2)电弧电压的调整。由于电弧的长度由电弧电压的高低决定,电弧电压过高将产生过长的电弧,电弧的长度增大,焊接熔深减小,焊缝呈扁平状,从而使焊接飞溅物增多。而电弧电压过低会导致起弧困难,焊接熔深增加,焊缝呈狭窄的圆拱状。

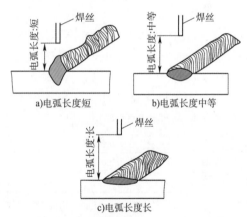

导电嘴到母材的距离、伸出焊丝长度到母材的距离是控制电弧电压长度的重要参数。一般从导电嘴到母材标准的距离为7~15mm,伸出焊丝长度到母材的距离为4~12mm(即电弧电压长度),是高质量焊接的一项重要因素。如果导电嘴到母材的距离过大,从焊枪端部伸出的焊丝长度增加而产生预热,就加快了焊丝熔化的速度,保护气体所起的作用也会减小。如果导电嘴到母材的距离过小,将难以进行焊接,并会烧蚀导电嘴。

(3)焊接时的焊枪角度。焊接方法有两种,即正向焊接和逆向焊接。正向焊接的熔深较小且焊缝较平。逆向焊接的熔深较大，并会产生大量的熔敷金属。采用上述两种方法时，焊枪角度都应为10°～15°。

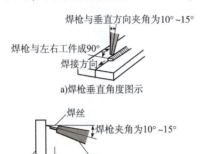

a) 焊枪垂直角度图示

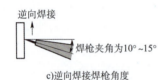

b) 正向焊接焊枪角度

c) 逆向焊接焊枪角度

(4) 焊接速度。焊接时，焊枪的移动速度过快，焊接的熔深和焊缝宽度都会减小，而且焊缝会变成圆拱形。当焊枪移动速度进一步加快时，将会产生咬边。而焊接速度过慢则会产生许多烧穿孔。下表给出了不同厚度的板件焊接时的焊接速度。

焊接速度调节

母材厚度(mm)	0.6～0.8	1.0	1.2	1.6
焊接速度(m/min)	1.1～1.2	1	0.9～1	0.8～0.85

一般来说，焊接速度由母材的厚度、焊接电压电弧、焊丝直径等几种因素决定。焊接母材越厚焊接速度要求越慢，反之则相反。焊丝直径越大，要求焊接速度越快，反之则相反。

(5) 送丝速度。送丝速度需根据焊接时焊接电流的大小进行适当的调节，匹配合适的送丝速度，将可听到连续的"吱吱"声，产生的视觉信号为连续稳定的反光亮度。

送丝速度太慢，随着焊丝在熔池内熔化并熔敷在焊接部位，将可听到"嘶嘶"声或"啪哒"声，此时产生的视觉信号为反光的亮度增强。当送丝速度较慢时，所形成的焊接接头较平坦。

送丝速度太快将堵塞电弧，这时，焊丝不能充分熔化。焊丝将熔化成许多金属熔滴并从焊接部位飞走时，产生大量飞溅物，这时产生的视觉信号为频闪弧光。

一般焊接中会在气体喷嘴的附近产生氧化物熔渣。必须将它们仔细地清除掉，以免落入喷嘴内部并形成短路。当送丝速度太慢时，还必须清除掉因送丝太慢而形成的金属微粒，以免短路。

4. 焊接基本操作

为了确保焊缝质量，选用正确的焊接操作方法对于初学者来说，尤其应该注意。

(1) 焊接三个基本方向的运动。当焊枪起弧后，在焊接过程中为了得到良好的焊缝，焊丝必须要有三个基本方向的运动：焊丝自动进给朝着熔池方向逐渐下降；焊枪沿焊接方向前移；作横向摆动。

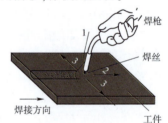

1-焊丝自动进给；2-焊接方向移动；3-横向摆动

焊丝是自动进给的，焊接方向也是固定的，横向摆动就显得尤为重要，也是控制焊接质量的关键。

(2) 常用的横向摆动及应用范围。横向摆动方法很多，应根据接头的形式和间隙、焊缝的空间位置、焊丝直径与性能、焊接电流及焊工的技术水平等方面来选用合适的横向摆动方法。常用的横向摆动方法见下表。

横向摆动方法

名称	简图	用途
直线形法	→	直线形法要求焊接时保持一定的弧长(焊丝与工件的距离保持不变)，并沿焊接主向作直线前进

续上表

名称	简图	用途
直线往复法		直线往复法具有焊接速度快、焊缝窄和散热快的特点,所以多用于薄板焊接和接头间隙较大的焊缝
锯齿形法		锯齿形法("Z"字形法)操作容易,在实际中应用较广,多用于较厚钢板的焊接、平焊及仰焊的对接接头、立焊的对接和填角焊接头
月牙形法		月牙形法要求焊丝末端焊接方向作月牙形的左右摆动。此方法应用范围和锯齿形法基本相同,不过其焊出来的焊缝增高量较高,具有较长的保温时间
圆圈形法		圆圈形法,要求焊丝末端连续作圆圈运动,并不断前进。此方法适用于平焊、仰焊位置的填角焊和横焊。它主要能控制熔滴金属不下淌,有助于焊缝成形

二、技术标准与要求

(1)操作人员必须穿戴好防护用品才能开始操作,否则要制止。

(2)参训学员练习前,必须用抹布清洁工件表面上的油渍、污物,防止焊接后产生焊接缺陷。

(3)调节气体流量时,不要将焊机控制面板上的送丝速度、时间微调、延时设定、电流挡位先打开。否则调节气体流量时,会浪费掉一段焊丝。

(4)如果待焊接区域的总厚度为 3mm 或更大,那么应使用二氧化碳气体保护焊机进行塞焊。对于不能点焊的区域,用冲孔器或钻孔器进行造孔。

(5)二氧化碳气体保护焊进行之前,用与车身板相同的材料进行试焊,以此来检验焊接强度,检验方法参考必备知识二氧化碳气体保护焊和电阻点焊质量检验法。

三、实训时间

理论课时为 2 课时,实操课时为 16 课时。

四、实训教学目标

1. 知识目标

(1)了解 MIG 焊的原理、特点及应用。

(2)熟悉 MIG 焊设备的构成与连接方法。

2. 技能目标

(1)掌握各种 MIG 焊设备和工具的作用。

(2)能根据实际修理情况选用焊接设备及焊接工具,制订相应的焊接工艺。

(3)掌握 MIG 焊接操作的各种劳动保护,规范地进行焊接操作。

五、实训器材

棉纱手套、焊接手套、自变色焊接面罩、护腿、焊接工作服、G 型大力钳、U 型大力钳、斜口钳、焊接工作台、二氧化碳气体保护焊机。

六、教学组织

1. 教学组织形式

每个工位安排 4 名学生参与实训,2 名学生为一组,单人操作,另 1 名学生辅助。一组操作,一组观察学习。

2. 学生站位分工和要求

2 名学生一组,按照 1 号、2 号进行编号,1 号为主,2 号为辅助。

3. 实训教师职责

讲解操作步骤和注意事项;下达"操作开始"口令;工位间巡视、检查、指导和纠正错误。

4. 学生职责变换

2 名学生实行职责变换制度,即第一遍 1 号为主,2 号辅助;第二遍 2 号为主,1 号辅助。

七、操作步骤

第一步 穿戴防护用品

1 护腿。

> **提示**
>
> (1)穿戴护腿之前,要先将绝缘电工鞋(前面带钢板)穿着脚上,并且系好鞋带。
>
> (2)在焊接电流过大时,会产生火花,护腿主要防止飞溅的火花烫伤腿部。

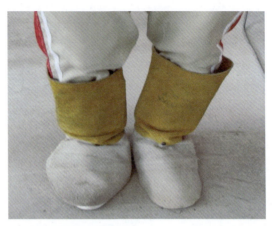

2 焊接工作服。

> **提示**
>
> (1)焊接工作服由纯棉材质制成,主要防止焊接中电弧熔化物溅于身上。
>
> (2)穿焊接工作服要将领口、袖口的纽扣全部扣住,防止熔化物进入。

3 棉纱手套。

> **提示**
>
> (1)棉纱手套在未焊接时使用。
>
> (2)裸手与工件或工具接触会使工件沾上汗液等,影响使用寿命。

4 基本防护完毕示意图。

> **提示**
>
> 焊接操作时,不能将皮肤暴露在外界,

以免焊接时,高温熔化物烫伤。

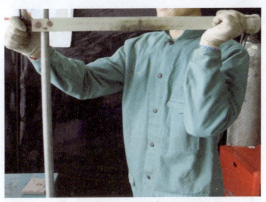

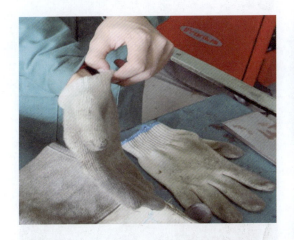

3 使用大力钳固定焊片。

> 🟢 **提示**
>
> 使用平口大力钳固定要焊接的焊片,并调整焊片的间隙(以对接焊为例,间隙为实际焊接厚度的2~3倍)。

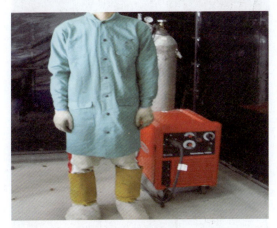

第二步　焊接前准备

1 将固定焊接架升到合适位置,并用手拧紧焊接横梁的锁紧螺栓。

> 🟢 **提示**
>
> 焊接架标准高度位置应与肩同高正负10cm为宜。

2 用抹布清洁焊片。

> 🟢 **提示**
>
> 用抹布清洁焊片表面上的油渍、污物,防止焊接后因表面不洁净原因造成焊接缺陷。

4 用直尺测量焊片之间的间隙。

> **提示**
>
> 测量焊片间隙,是为确保焊接间隙为实际焊接厚度的 2~3 倍,以保证足够的熔池(焊接强度达到标准)。

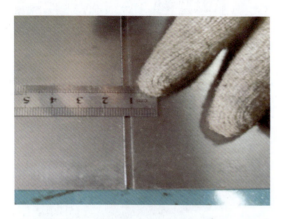

5 用记号笔和直尺测量并确定焊接长度。

> **提示**
>
> (1) 划线两端的最大长度为 25~38mm,是为了防止焊接时焊缝有超长现象。
>
> (2) 实际修理焊接时,覆盖件多数采用分断连续焊接方式连接,方便维修。

6 用 G 型大力钳将焊片固定在焊接架上。

> **提示**
>
> 焊接方式分为平焊、立焊、仰焊三种,根据不同的部位,选择不同的焊接方式。

7 将二氧化碳保护焊机电源开关打开。

> **提示**
>
> 打开电源后,先不要调节焊接参数,这样在调节气体流量时,送丝机构不工作,造成不必要的浪费。

8 打开混合气钢瓶气阀,并检查钢瓶气压。

> **提示**
>
> (1) 正常气压为 2~12MPa,如果钢瓶主减压表指针低于 2MPa 时,应更换充满气的钢瓶,防止因缺气使保护效果失效。

（2）混合气体比例为:75%氩气+25%二氧化碳或80%氩气+20%二氧化碳。

引弧。

9 检查并调节混合气体流量。

11 转动按钮,调节二氧化碳保护焊机的焊接参数。

> 提示

（1）打开气体流量调节阀,一手按住焊枪开关,眼睛观察流量钢珠(立焊时10~15MPa)。

（2）调整气体流量时,只要把焊机电源的主开关打开即可,否则会浪费焊丝。

（3）调整完毕将焊枪放于焊接平台上,便于焊接时操作。

> 提示

（1）电流在4挡、送丝速度为6~9、延时开关调整为2.5~3.5。

（2）作业练习为1mm厚度钢板,电流参数为100~120A。

（3）根据各地的电压情况不同,可选择适当的调整。

10 手捏住搭铁线尾部,将搭铁线钳口夹于焊接点附近。

12 使用保护套专用清洁工具清洁保护套内的污物。

> 提示

搭铁线要靠近焊接区域,这样有利于

> 提示

焊接前将保护套内的焊接熔物清除掉,防止产生焊接缺陷。

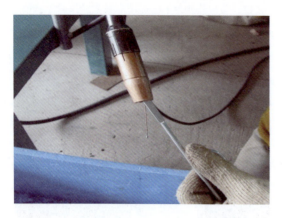

13 使用斜口钳将多余的焊丝剪除。

> ⚠ **提示**
>
> （1）引弧前先送出一段焊丝，用斜口钳剪去焊丝端部的焊瘤，将焊丝从导电嘴伸出长度为 5～8mm。
>
> （2）剪焊瘤时不要将喷嘴指向操作人员的面部和他人，将焊枪朝下，把焊瘤剪到杂物箱内，防止伤害到人。

14 将焊枪头部放于防堵膏盒中，使头部黏带一层防堵膏。

> ⚠ **提示**
>
> 防堵膏的作用是在焊接时，防止因熔化物形成铁水粘在保护套上。

15 用抹布清洁保护套，将保护套外面的防堵膏擦干净。

> ⚠ **提示**
>
> （1）外边缘的防堵膏在焊接时会熔化滴落，不清洁干净，会滴落到衣服或焊接手套，影响焊接服和焊接手套的使用寿命。
>
> （2）清洁完毕后，将焊枪放于焊接平台上，便于焊接时操作。

16 棉纱手套脱下放好，并戴上焊接手套。

> ⚠ **提示**
>
> 焊接手套为皮制材料制作，主要作用是焊接时防止熔融金属烧伤手部。

17 戴上焊接面罩。

> ⚠ **提示**
>
> （1）焊接面罩主要作用是保护脸部免

项目三 气体保护焊

受高温或熔融金属的灼伤,变色镜片是保护眼睛,以免受到过亮光线或电弧紫外线的伤害。

(2)焊接面罩的镜片,最好使用瞬时变色镜片,有利于焊接过程中,观察焊接的纹路。

成直线,焊枪和工件调整成5°~15°,这时把面部与工件转成10°~15°的焊接视角。

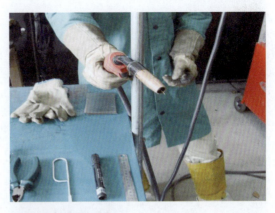

3 焊接说明1。

> !提示
>
> 对接焊和搭接焊的焊接手法是先"G"形起弧时从铁片的焊缝中间处或中心处偏稳2mm开始起弧,中间绕着走"Z"形,左右手掌握枪姿势要稳,最后绕着走"G"形。

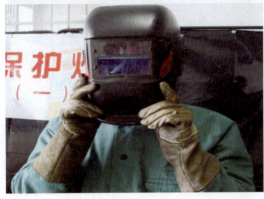

第三步 焊　　接

1 从操作平台上拿起焊枪,并摆好焊接姿势。

> !提示
>
> 焊接姿势:左右两腿要错位立开、两脚之间的最大宽度为50~60cm,左腿半弯、右腿半直、左右两臂交替握枪,腰要挺直。

2 焊接操作前,头部姿势。

> !提示
>
> 面部与工件接近平行视觉,右耳与工件

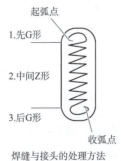

焊缝与接头的处理方法

4 焊接说明2。

> **提示**
>
> （1）立焊单孔塞焊时,把8mm孔当作360°圆来比较,从右3点钟开始起弧,顺时针走一圈慢慢往里缩,共一点四圈,一定要将焊枪掌握稳。
>
> （2）将焊丝与焊枪的伸出长度匹配成5~8mm。

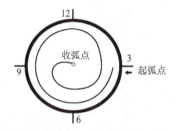

5 焊接完毕后,将焊枪放于工作平台上,便于下次焊接操作。

> **提示**
>
> 焊枪放于工作平台时,注意焊枪的控制按钮,不要将控制按钮与平台接触,造成不必要的浪费。

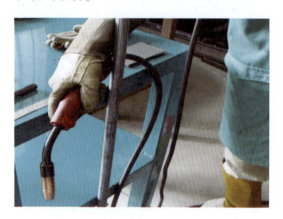

6 脱下焊接手套,换上棉纱手套。

> **提示**
>
> 一般的操作都要戴棉纱手套,焊接手套只在焊接时使用。

7 捏住搭铁线的尾部,将搭铁取下,放于工作平台上,便于下次焊接操作。

8 手握住下端的平口大力钳,用另一只手松开上端的G型大力钳,取下工件,并将G型大力钳放回工作平台。

> **提示**
>
> 工件取下时,禁止单手操作,防止工件掉落。

9 焊接效果示意图(塞焊)。

> **提示**
>
> (1)塞焊焊疤的目检标准:焊疤直径为10~13mm。
>
> (2)焊件正面焊接最大厚度为3mm,金属最大穿透厚度为0~1.5mm。
>
> (3)破坏性试验后,下层板金属上必须有≥9mm的孔。

10 焊接效果示意图(对接焊)。

> **提示**
>
> (1)对接焊的目检标准:焊疤正面长度为25~38mm,宽度为5~10mm。
>
> (2)焊件正面焊接最大厚度≤3mm,金属最大穿透厚度为0~1.5mm,宽度为0~5mm。
>
> (3)破坏性试验后,对接焊下层板金属上必须有与焊疤长度相等的一个孔。

第四步 整理清洁

1 焊接完毕,将焊枪和搭铁线放回原位。

> **提示**
>
> 焊枪和搭铁线可挂于钢瓶卸压阀处,也可收好放于焊机之上。

2 电压调节开关、送丝调节按钮、电源开关全部调回原位。

3 气体流量调节阀、钢瓶出气阀全部关闭。

4 松开紧固螺栓,将焊接架横梁放回原位。

5 清洁平台上所有工具和量具,并整理摆放原位。

第五步 脱卸防护用品

1 脱下棉纱手套,并整理好放回原位。

2 脱下焊接工作服,并折叠好放回原位。

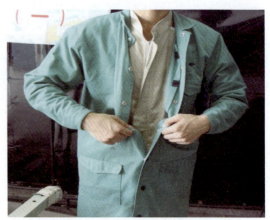

3 脱下护腿,并整理好放回原位。

八、考核标准

考核标准表

考核时间	序号	考核项目	满分	评分标准	得分
30min	1	防护设备的使用情况	5	焊接时未戴焊接手套扣1分 焊接时未戴面罩扣1分 焊接时未穿护腿扣1分 焊接时未穿焊接工作服扣1分 焊接时未穿安全鞋扣1分	
	2	焊接参数的调整情况	6	送丝速度(1.5分)(超出范围不得分) 焊接时间(1.5分)(超出范围不得分) 焊接电流(1.5分)(超出范围不得分) 焊接气压(1.5分)(超出范围不得分)	
	3	焊枪使用情况	2	焊接前清洁喷嘴、导电嘴,不做清理扣1分 焊枪喷嘴、导电嘴损坏扣1分	
	4	焊接前对焊片进行擦拭清洁	3	一片不进行清洁扣1分,扣完为止	
	5	焊片焊接前进行测量定位	3	一次焊接不做测量扣1分,扣完为止	
	6	操作完成后要把设备、工具放回原处,摆放整齐	3	一件工具未摆放原处或未摆放整齐扣1分,扣完为止	
	7	焊接操作	3	焊接操作中,焊片、工具掉落一次扣1分,扣完为止	
	8	测量评分	30	焊片的焊疤上有熔穿孔、气孔>3个、不正确熔化>1mm、咬边长度>5mm、二次焊接、飞溅物>10个等缺陷判定焊片不合格,不进行测量评分 焊片不按照样片方式进行焊接不进行评分 塞焊立焊　测量得分10分 搭焊立焊　测量得分10分 对接焊立焊　测量得分10分	
	9	破坏性试验评分	45	焊片测量评分不合格的不进行破坏性试验评分 塞焊立焊　破坏性试验得分15分 搭焊立焊　破坏性试验得分15分 对接焊立焊　破坏性试验得分15分	
		分数合计	100		

焊接质量的检查

每一次焊接的过程中,都应检查焊接的质量。可以在一些金属板上进行试焊,这些金属板和汽车上需要焊接的零部件的材料相同。焊接这些试验板时,焊机的各项参数要调整适当。试验板的焊接处用各种检验方法进行破坏性试验,以检验焊接的质量。下面是车身修理中常用的搭接焊、对接焊和塞焊焊接质量的检验标准,试验板件的厚度均为1mm。

(1)搭焊和对接焊的焊疤的测量标准如下:

①工件正面:最短长度为25mm,最长长度为38mm,最小宽度为5mm,最大宽度为10mm。

②工件背面:焊疤宽度为0~5mm。

③对接焊工件夹缝宽度是工件厚度的2~3倍。

(2)塞焊的焊疤的检测标准如下:

①工件正面:焊疤直径最小为10mm,直径最大为13mm。

②工件背面:焊疤直径为0~10mm。

③焊疤不允许有孔洞或焊渣等缺陷。

(3)焊件焊疤高度检测标准如下:

焊件正面焊疤最大高度不超过3mm,焊件背面焊疤最大高度不超过1.5mm。

(4)搭焊和对接焊的焊疤的破坏性试验检测标准如下:

①搭焊撕裂的工件上必须有与焊疤长度相等的孔。

②对接焊撕裂破坏后工件上必须有与焊疤长度相等的孔。

(5)塞焊的焊疤的破坏性试验检测标准为:塞焊扭曲破坏后下面工件上必须有直径不小于10mm的孔。

项目四　车门饰板的拆装与更换

一、项目说明

1. 概述

车门饰板是装饰车门的板式结构,包括车门内饰板和各附件。车门饰板的表面覆盖材料一般为天然纤维或合成纤维纺织品、皮革、人造革、多层复合材料、连皮泡沫塑料等。

拆卸车门饰板时,应注意其固定方式及所用固定件。先拆除固定件,再使用薄片式非金属撬板分离饰板。固定件分为螺钉、弹簧夹、塑料固定器等。丰田卡罗拉车型的车门饰板采用塑料固定器。

2. 作用

车门饰板覆盖于车门内板之上,除装饰车门外,还具有车门开关方便、支撑肘腕、隔声吸振、防尘防水以及车辆冲撞时保护人体的功能。

现在的轿车室内,基本上都采用树脂内饰板遮盖,直接裸露钢板的部位减少了。而车内装饰件是通过增加一些附属的物品,以提高汽车表面和内饰的美观性,车内装饰件档次的高低,相应也决定了车辆档次高低。同时内饰板不仅质感良好,当发生碰撞时乘员不易受伤,起到一定的保护作用。内饰板和车身钢板之间还使用很多隔声材料,行驶过程中降低外界噪声的干扰,改善车内环境。

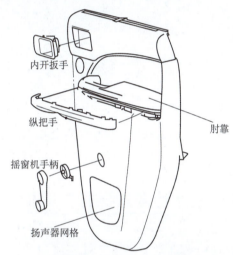

(1)内开扳手框,是一个覆盖于门板上、套在内开扳手的装饰件,多采用 ABS 塑料材料加工。它在门板总成上的位置随内开扳手而确定,一般采用螺钉连接或卡挂在内开扳手座上两种固定方式。

(2)摇窗机手柄总长度一般为 120mm 左右,需配合升降玻璃扭矩校核。现代车辆多配备电动摇窗形式,采用电力驱动,集成开关多嵌入肘靠处。

(3)肘靠又称扶手,分为独立方式和与门板一体加工两种方式。

(4)纵把手通常使用螺钉固定方式,它与饰板本体连接牢固,再加上纵把手本身与车门内板之间的连接固定,两者共同确保纵把手在承受相应拉力时不至于松脱。纵把手分为整体式与分体式两种。

3. 结构

车门内饰板总成由门内饰板本体、门内拉手分总成、门扶手座上板及支架总成、门喇叭盖等组成。

根据造型、车辆档次和所选用的生产工艺等不同，车门内饰板总成组成会有所不同。车门内饰板总成各部件间主要是采用焊接（超声波焊、热铆焊）、自攻螺钉方式连接成整体。

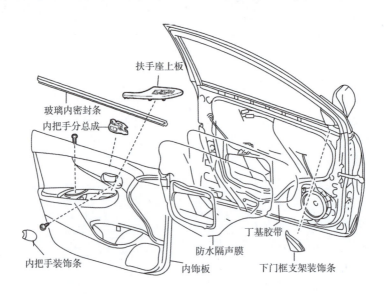

二、技术标准与要求

（1）参训学员必需穿戴相应的劳保用品（棉纱手套、安全鞋），以免发生意外事故。

（2）拆装前先将蓄电池断电，以免损坏用电设备。

（3）使用一字螺丝刀或卡扣专用拆卸工具，拆卸一些装饰件时要注意保护漆面，防止损伤漆膜。

（4）内饰件拆装过程中，要注意保护表面不被划伤，防止因损伤造成内饰件的美观性。

（5）拆装过程中，要特别掌握合适的力度，禁止野蛮操作，防止损坏零部件。

三、实训时间

理论课时为2课时，实操课时为8课时。

四、实训教学目标

1. 知识目标

（1）了解汽车车门内饰板的组成结构。

（2）了解汽车车门饰板的材料及固定方式。

2. 技能目标

（1）掌握汽车车门内饰板拆装的方法和工艺过程。

（2）会运用所学知识对不同类型的车门内饰板进行正确的拆装。

五、实训器材

棘轮扳手、接杆、φ10mm套筒、卡扣专

项目四 车门饰板的拆装与更换

用拆卸工具、"TORX"梅花套筒扳手(T30)、一字螺丝刀(中、小号)、十字螺丝刀(中号)、两用φ10mm扳手、两用φ8mm扳手。

六、教学组织

1. 教学组织形式

每个工位安排4名学生参与实训,2名学生为一组,单人操作,另1名学生辅助。一组操作,一组观察学习。

2. 学生站位分工和要求

2名学生一组,按照1号、2号进行编号,1号为主,2号为辅助。

3. 实训教师职责

讲解操作步骤和注意事项;下达"操作开始"口令;工位间巡视、检查、指导和纠正错误。

4. 学生职责变换

2名学生实行职责变换制度,即第一遍1号为主,2号辅助;第二遍2号为主,1号辅助。

七、操作步骤

第一步 事前准备

1 1号位于工位前方,进行操作准备。
2号检查防护用品、工具的摆放,传递防护用品和工具递给1号,整理1号不用的防护用品和工具。

参训选手操作时,必须穿戴好防护用品。

2 1号将汽车车门打开。

开启车门时不能用裸手接触漆面,防止汗液等腐蚀金属表面。

3 1号扶住汽车车门边框将车门完全开启。

完全开启车门主要是为了操作方便,根据场地的大小,可适当调整。

33

4 1号打开发动机舱盖,并将蓄电池负极端子电缆拆除。

> **提示**
>
> 操作过程中,断开蓄电池负极端子电缆,以免损坏电气设备。

第二步 车门内把手及扶手座总成拆卸

1 2号将小号一字螺丝刀递给1号。

> **提示**
>
> (1)小号一字螺丝刀主要用于撬开各塑料扣,避免损坏塑料扣,完好的塑料扣可重复使用。
>
> (2)如果条件允许,最好使用塑料撬棒,拆卸塑料扣。

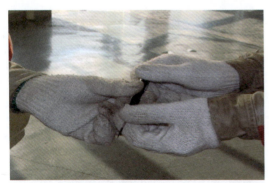

2 1号使用小号一字螺丝刀撬开内拉手装饰扣。

> **提示**
>
> (1)撬动塑料卡扣时,用力要适当,禁止野蛮操作,防止损坏塑料卡扣,影响重复使用。
>
> (2)使用金属制品撬塑料卡扣时,最好能在螺丝刀头部缠保护胶带。

3 2号将十字螺丝刀递给1号。

> **提示**
>
> 螺丝刀头最好带有磁性,这样在拆卸过程中螺丝刀头能吸住槽内的螺钉,便于拆装。

4 1号使用十字螺丝刀拆卸内拉手装饰扣螺钉。

> **提示**
>
> (1)用一只手按住装饰扣,另一只手用十字螺丝刀旋出螺钉。
>
> (2)有些车型的内拉手在拆除螺钉后,可直接拆卸内拉手装饰件。

5 1号使用十字螺丝刀拆卸车门装饰

板扶手座上板螺钉,并将螺钉取下。

> **提示**
>
> 使用螺丝刀拆卸螺钉时,螺丝刀与螺钉要保持垂直,防止拆装过程中,损坏螺钉孔。

6 1号使用一字螺丝刀将车门扶手座上板从端部轻轻撬开。

> **提示**
>
> (1)扶手座上板采用卡扣方式与车门装饰板相连接,卡扣类型:有铁片式和塑料扣式两种。
>
> (2)撬动时,最好从铁片端进行撬动,其有一定的弹性,不容易损坏。

7 1号将车门扶手座上板拉起,并取下车门扶手座。

> **提示**
>
> 拉起车门扶手座时,注意玻璃升降器线束,动作要柔和,防止损伤玻璃升降器线束。

8 1号将玻璃升降器线束插接器与控制开关分离。

> **提示**
>
> (1)如果插接器连接较紧密时,可用一字螺丝刀顶住插接器卡扣,并将插接器与控制开关分离。
>
> (2)拆卸插接器时,一定要顶住卡扣,禁止野蛮操作,防止损坏部件,影响重复使用。

第三步　车门装饰板总成拆卸

1 车门装饰板卡扣示意图。

> ⚠️ 提示
>
> 丰田卡罗拉车型，使用的卡扣为塑料件形式，左、右侧及下方分布着8个卡扣，上方采用玻璃内密封条与车门装饰板相连。

2 1号使用塑料撬棒或双手将车门装饰板从下端轻轻拉开，使卡扣与车门分离。

> ⚠️ 提示
>
> 拆卸过程中，如果装饰板密封较紧，可使用卡扣专用拆装工具或一字螺丝刀，插入装饰板与车门卡扣连接处，轻轻撬动装饰板，使卡扣与车门脱离。

3 1号双手握住车门装饰板总成两端，向上轻轻提拉，将车门装饰板总成与车门分离。

> ⚠️ 提示
>
> （1）拆卸车门装饰板总成时，内把手分总成拉锁未拆卸，要随时观察内把手变形情况，防止损坏内把手总成。
>
> （2）取下车门装饰板总成时，防止损伤车门周围漆膜。

4 1号将车门装饰板总成倾斜30°左右，用手扶住车门装饰板，将门把手分总成与车门锁止遥控拉索分离。

> ⚠️ 提示
>
> 车门锁止遥控拉索有两处固定扣装置，先将塑料固定扣分离，再将拉索与门把手分总成分离。

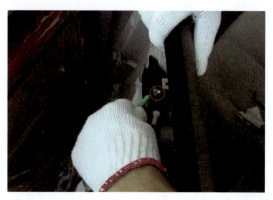

5 1号将门把手分总成与车门内侧锁止拉索分离。

> ⚠ **提示**
>
> 车门内侧锁止拉索有两处固定扣装置,先将塑料固定扣分离,再将拉索与门把手分总成分离。

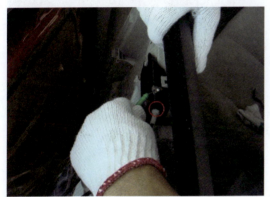

6 1号将车门装饰板总成取下,并递给2号。

> ⚠ **提示**
>
> 车门装饰总成为合成材料,应将车门装饰板总成放于干燥洁净处,防止损伤装饰板总成。

第四步 车门装饰板总成安装

1 1号将门把手分总成与车门内侧锁止拉索连接。

> ⚠ **提示**
>
> 车门内侧锁止拉索有两处固定扣装置,先将拉索与门把手分总成连接,再将塑料固定扣装好。

2 1号将门把手分总成与车门锁止遥控拉索连接。

> ⚠ **提示**
>
> 车门锁止遥控拉索有两处固定扣装置,先将拉索与门把手分总成连接,再将塑料固定扣连接。

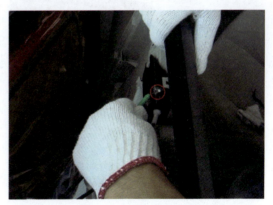

3 1号用手扶住车门装饰板总成,将玻璃升降器线束穿过扶手座安装孔。

> ⚠ **提示**
>
> 玻璃升降器插接器不能留于车门装饰板内,防止影响玻璃升降器控制开关的

安装。

4 1号双手扶住车门装饰板两端,将内侧玻璃密封条扣入车门板内侧,并轻轻用力向下按,将玻璃密封条装到位。

⚠️ 提示

(1)内侧玻璃密封条安装时要与车窗玻璃完全贴合。

(2)安装车门装饰板时,注意玻璃升降器插接器不能掉落到车门饰板内。

5 1号将车门装饰板固定卡扣与安装孔对准后,用手掌或拳头轻轻拍击,使固定卡扣与内侧板安装到位。

⚠️ 提示

(1)固定卡扣与内侧板安装孔未对准时,禁止拍击强行安装,防止损坏卡扣。

(2)在拆卸过程中,固定卡扣有损坏时,必须更换新件。

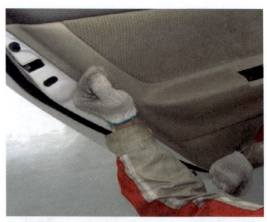

6 1号握住玻璃升降器控制开关,将玻璃升降器插接器与控制开关连接。

⚠️ 提示

插接器与控制开关安装到位后,可听到卡扣发出"嗒"的声音。

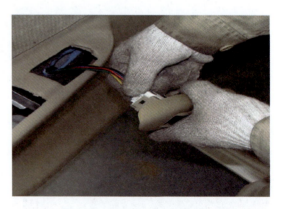

7 1号按动玻璃升降器控制开关,眼睛观察车窗玻璃升降情况。

⚠️ 提示

(1)按动玻璃升降器控制开关,车窗玻璃能上、下升降,如不能动,则需检修。

(2)车窗玻璃在上、下升降过程中,要

求无卡滞现象,能运行自如,如有卡滞,则进行调整。

(2)闭合闭锁器时,不能损伤周围的漆膜。

8 1号将扶手座分总成装入车门装饰板扶手座孔内,并使扶手座分总成与车门装饰板完全贴合。

10 1号拉动车门内把手,观察闭锁器能否正常开启。

> 提示

安装扶手座分总成,要将塑料卡扣端先扣入扶手座安装孔,再将铁卡扣扣入。装入时,防止损坏卡扣。

> 提示

观察闭锁器,闭锁器应能正常开启。如不能开启,要求排除故障再继续安装。

9 1号使用十字螺丝刀将闭锁器闭合。

11 1号使用十字螺丝刀将闭锁器闭合,并将车门锁止装置闭合。

> 提示

(1)闭锁器有二级锁止装置,闭合时,注意要使二级锁止装置处于闭合状态。

> 提示

(1)闭锁器有二级锁止装置,闭合时,注意要使二级锁止装置处于闭合状态。

（2）闭合闭锁器时，不能损伤周围的漆膜。

12 1号拉动车门内把手，观察闭锁器能否正常开启。

> 提示
>
> 观察闭锁器，闭锁器应不能开启，表示锁止装置正常。

13 1号使用十字螺丝刀安装扶手座固定螺钉。

> 提示
>
> 使用螺丝刀拆装螺钉时，螺丝刀与螺钉要保持垂直，防止拆装过程中，损坏螺钉孔。

14 1号使用十字螺丝刀安装内把手固定螺钉。

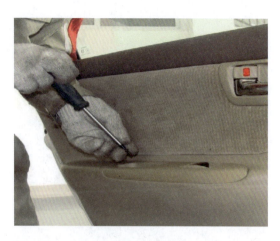

> 提示
>
> 使用螺丝刀拆装螺钉时，螺丝刀与螺钉要保持垂直，防止拆装过程中，损坏螺钉孔。

15 1号使用十字螺丝刀将车门闭锁器闭合，再次检查车门内、外把手，是否能正常开启闭锁器。

第五步 清洁整理工位

1号、2号共同清理、整理工具等;清扫地面卫生。

> **提示**
>
> 作业项目完成后,要搞好工位的清扫、整理工作,培养良好的工作习惯。

八、考核标准

考 核 标 准 表

考核时间	序号	考核项目	满分	评分标准	得分
10min	1	作业前整理工位	6	酌情扣分	
	2	安全防护用品的使用情况	4	操作时不戴手套扣4分	
			4	操作时不穿安全鞋扣4分	
	3	工具使用情况	2	未正确使用一字螺丝刀扣2分	
			2	未正确使用十字螺丝刀扣2分	
			2	未正确使用卡扣专用拆卸工具扣2分	
	4	拆卸蓄电池负极电缆	10	操作错误扣10分	
	5	拆卸装饰扣	2	未正确使用工具撬装饰扣扣2分	
	6	拆卸扶手座	2	未正确拆卸扶手座扣2分,扶手座、内饰板破损不得操作分	
	7	拆卸插接器	2	未正确拆卸插接器扣2分,插接器锁止扣破损不得操作分	
	8	拆卸装饰板	10	未正确拆卸装饰板扣1分,装饰板卡扣破损1个扣1分,扣完为止	
	9	拆卸拉索	2	未正确安装拉索扣1分	
	10	安装拉索	2	未正确安装拉索扣1分	
	11	安装装饰板	20	安装时,装饰板卡扣掉落1次扣1分,扣完为止。装饰板安装方法错误不得分此项分	

续上表

考核时间	序号	考核项目	满分	评分标准	得分
10min	12	安装插接器	2	未正确安装插接器扣2分	
	13	检查玻璃升降器	5	安装好后,未进行检查扣5分	
	14	安装扶手座	2	未正确安装扶手座扣2分	
	15	安装固定螺钉	4	未正确安装固定螺钉扣2分	
	16	安装装饰扣	2	未正确安装装饰扣扣2分	
	17	检查闭锁器	10	安装完成后,未检查闭锁器工作状况扣10分	
	18	超过规定操作时间	5	每超时1min扣1分,扣完为止	
	19	遵守相关安全规范		因违规操作造成人身和设备事故的,总分按0分计	
		分数合计	100		

知识拓展

门内饰板与周边零件的尺寸限定

1. 门内饰板与仪表板

由于门内饰板是个运动件,既要考虑门关闭状态与仪表板及周边零件的配合关系,还要考虑在整个开关门过程中与其他零件不干涉、不刮擦,所以门饰板在关门严密的情况下,门饰板与仪表板之间应留出足够的间隙且间隙均匀,一般间隙为6~10mm。

2. 门内饰板与座椅

门饰板应在座椅的整个移动行程中保持足够的间隙,当座椅侧面布置有座椅调节旋钮时,应留足够的手操作空间;同时门饰板的扶手和座椅、副仪表板的扶手一样,其高度和倾斜角度应满足人体要求,门饰板与座椅之间间隙一般不小于16mm。

3. 门内饰板与车身

车身提供给门内饰板的安装孔尺寸要严格控制,过大易松脱,过小安装困难,另需注意车身油漆对安装孔也会产生较大影响。玻璃升降过程中与门饰板要保持一定的间隙,门内拉手运动过程中不能出现干涉和刮擦。门内饰板与门内钣金最小间隙一般大于4mm。

项目五　车窗玻璃及玻璃升降器拆装与更换

一、项目说明

1. 概述

玻璃升降器是汽车车窗玻璃的升降装置,按一定的驱动方式将汽车车窗玻璃沿玻璃导槽升起或下降,并能停留在任意位置的装置。

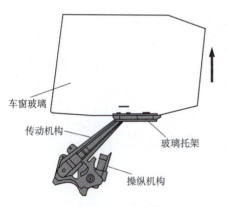

各种玻璃升降器均需通过某种形式的驱动机构以实现对玻璃运动位置的调整。对于玻璃为上下运动的玻璃升降器而言,当玻璃上升时,通过该机构将玻璃提升至需要的位置。而玻璃下降时,则可依靠玻璃自身的重力作为动力,此时驱动机构主要起限位及减缓作用。但由于实际上玻璃下降运动过程中需克服与密封件(导槽、封口胶条等)间的摩擦及传动机构中的阻力等,因此玻璃升降器也起一部分驱动作用,以保证车窗玻璃的稳定移动。

2. 作用

玻璃升降器主要由控制机构和玻璃安装托架组成,控制机构是玻璃升降器的核心。通过控制机构能实现玻璃托架的升、降、关三个工作状态,从中可以看出,玻璃升降器主要起操控车窗玻璃升降的作用。

车窗玻璃的基本功能是保证视野与采光,同时与整车形体协调。汽车上的车窗玻璃有前、后风窗和后侧窗等几种。

3. 分类

现在许多轿车门窗玻璃的升降(关闭和开启)已经抛弃了摇把式的手动升降方式,一般都改用按钮式的电动升降方式,即使用电动玻璃升降器。按照控制形式的不同,主要分为电动玻璃升降器与手动玻璃升降器两大类。

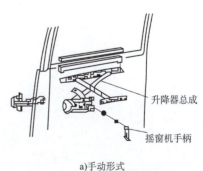

a)手动形式

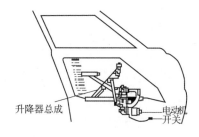

b) 电动形式

电动玻璃升降器则是采用了电动机为动力源,通过电动机驱动玻璃升降器的传动机构,最终实现玻璃的上下升降。和手动玻璃升降器相比,其结构更为复杂、质量也较大、成本较高,且因为有电动机以及相关控制机构,其可靠性也要比手动玻璃升降器低。但其便利性和舒适性要比手动玻璃升降器要好得多。

按传动结构分类:可分为臂式玻璃升降器(单臂式升降器和双臂式升降器)、柔式玻璃升降器(绳轮式升降器、带式升降器和软轴式升降器)和丝杠式玻璃升降器。现代汽车主要运用的绳轮式和叉臂式两大类型。

4. 结构

汽车玻璃升降器一般由以下几部分组成:操纵机构(摇臂或电动控制系统)、传动机构(齿轮、齿板或齿条,齿轮软轴啮合机构)、玻璃升降机构(升降臂、运动托架)、玻璃支承机构(玻璃托架)及止动弹簧、平衡弹簧。

汽车车窗主要由车身壳体上的车窗支柱框架、车窗玻璃与框架的连接件嵌条、焊接件、垫块等组成。

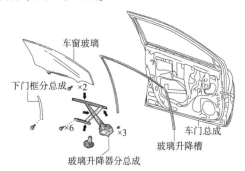

二、技术标准与要求

(1)玻璃升降系统安装后应进行检查。玻璃从最低位置升至最高位置的时间应该在 7s 左右。如果升降时间过慢,请及时进行检查。

(2)检查玻璃升降电动机工作是否良好。

(3)检查玻璃升降槽里是否有灰尘导致玻璃上升时阻力太大。

(4)不可在玻璃升降槽或玻璃上涂任何润滑脂,避免黏附灰尘。

(5)检查玻璃导轨的安装位置是否有偏差,导致玻璃上升时弧度不一致而卡滞玻璃,玻璃导轨可以通过玻璃导轨的固定螺栓进行调整。

三、实训时间

理论课时为 2 课时,实操课时为 8 课时。

四、实训教学目标

1. 知识目标

(1)了解玻璃升降器的组成及作用。
(2)了解玻璃升降器的分类。

2. 技能目标

(1)掌握汽车车门玻璃升降器拆装的方法和工艺过程。
(2)会运用所学知识对不同类型的车门玻璃升降器进行正确的拆装。

五、实训器材

棘轮扳手、接杆、φ10mm 套筒、卡扣专用拆卸工具、"TORX"梅花套筒扳手(T30)、一字螺丝刀(中、小号)、十字螺丝刀(中号)、两用 φ10mm 扳手、两用 φ8mm 扳手。

六、教学组织

1. 教学组织形式

每工位安排 4 名学生参与实训,2 名学生为一组,单人操作,另 1 名学生辅助。一组操作,一组观察学习。

2. 学生站位分工和要求

2 名学生一组,按照 1 号、2 号进行编号,1 号为主,2 号为辅助。

3. 实训教师职责

讲解操作步骤和注意事项;下达"操作开始"口令;工位间巡视、检查、指导和纠正错误。

4. 学生职责变换

2 名学生实行职责变换制度,即第一遍 1 号为主,2 号辅助;第二遍 2 号为主,1 号辅助。

七、操作步骤

第一步 事前准备

(参照项目四)

第二步 车门装饰板拆装

(参照项目四)

第三步 防水保护膜(隔声膜)拆卸

1 2 号将十字螺丝刀递给 1 号。

> 提示
> 螺丝刀头最好带有磁性,这样在拆卸过程中螺丝刀头能吸住槽内的螺钉,便于拆装。

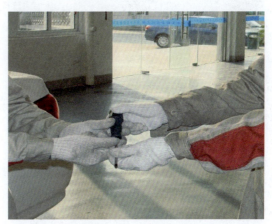

2 1 号使用十字螺丝刀将 2 个扶手支架固定螺钉拆除。

> 提示
> 扶手支架固定螺钉拧在塑料卡扣上,使用螺钉的拧紧力将卡扣张开,拆卸时,注意螺纹方向。

3 1 号双手握住内把手分总成两

端,向卡扣上方拉出,将内把手分总成取下。

> 提示
>
> (1)拆卸内把手分总成时,力度要适当,防止卡扣断裂。
>
> (2)如新件固定较紧,可使用一字螺丝刀轻轻撬卡扣连接处拆卸。

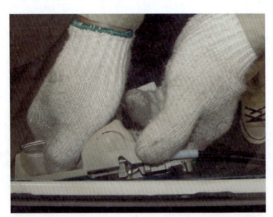

4 1号将内把手车门锁止拉索和内侧锁止拉索取下。

> 提示
>
> 车门锁止拉索和内侧锁止拉索有两处固定扣装置,先将塑料固定扣分离,再将拉索与门把手分总成分离。

5 1号使用铲刀将丁基胶带割开,使防水隔声膜与车门内板分离。

> 提示
>
> (1)用专用工具(胶水切割刀)或铲刀将防水隔声膜与车门内板完全分离,注意不能损伤漆膜。
>
> (2)分离防水隔声膜时,防止将防水隔声膜撕破,影响重复使用效果。

6 1号将车门锁止拉索、内侧锁止拉索和玻璃升降器控制开关插接器从防水隔声膜孔中抽出。

> 提示
>
> 有些单一操作项目可不拆卸防水保护膜,只要撕开一半即可。

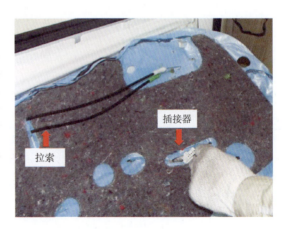

第四步　车窗玻璃的拆卸

1 2号将一字螺丝刀递给1号。

> 提示
>
> 一字螺丝刀用于撬起腰线防护条总成，撬动前，最好能在一字螺丝刀前端缠上软质胶带。

2 1号使用一字螺丝刀撬起腰线防护条总成头部的固定卡扣，并轻轻地将腰线防护条总成向上提拉。

> 提示
>
> (1) 撬动腰线防护条总成固定卡扣时，动作要轻，不能将漆膜和卡扣损伤。
>
> (2) 撬腰线防护条总成固定卡扣前，最好能在一字螺丝刀下部垫上软质材料。

3 1号双手握住腰线防护条总成将腰线防护条总成沿边框拉起，并取下。

> 提示
>
> (1) 如果部件配合较紧时，可配合使用一字螺丝刀慢慢撬出。
>
> (2) 用力要适当，防止腰线防护条总成变形。

4 1号从上边角拉起玻璃升降槽，并将玻璃升降槽从车门框内取下。

> 提示
>
> 拆卸玻璃升降槽时，拉拔的动作要轻，不能将玻璃升降槽拉断或拉变形。

5 2号将十字螺丝刀递给1号。

> 提示
>
> 螺丝刀头最好带有磁性，这样在拆卸过程中螺丝刀头能吸住槽内的螺钉，便于拆装。

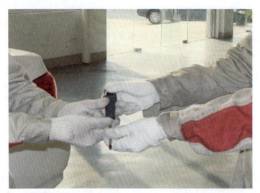

6 1号将门窗分隔条上端的车门密封条拉起,使用十字螺丝刀拧松上端门窗分隔条固定螺钉,并取下。

> 提示
>
> 用十字螺丝刀拧松上端门窗分隔条固定螺钉时,用手施加合适力度按住螺丝刀尾部,使螺丝刀头部完全与螺钉接合,然后将螺钉拧松,防止损坏螺钉。

7 2号将 φ10mm 套筒、接杆、棘轮扳手组合后传递给1号。

8 1号使用 φ10mm 套筒、接杆、棘轮扳手拧松门窗分隔条下部固定螺栓1和2,并取下。

> 提示
>
> 拆卸门窗分隔条固定螺栓时,注意要交叉均匀地分次拧松,防止变形。

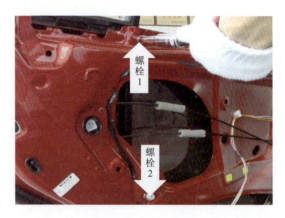

9 1号双手握住门窗分隔条轻轻往三角窗相反方向掰动,并取下。

> 提示
>
> (1)取下门窗分隔条时注意下面的车窗玻璃,不能将车窗玻璃损伤或破裂。
>
> (2)门窗分隔条从车门内抽出时,注意门框周围的漆膜,防止损伤。

10 1号双手握住门角窗玻璃轻轻拉

动,并取下门角窗玻璃。

> **提示**
>
> (1)将门角窗玻璃和门角窗密封条作为一个整体拆卸。
> (2)拆卸过程中,如密封条密配合过紧,可轻轻左右摇动门角窗玻璃进行拆卸。

11 1号用手轻轻抬起车窗玻璃,使玻璃升降器滑块从车窗玻璃导轨槽分离。

> **提示**
>
> (1)分离滑块时,主要改变玻璃升降器连杆行程,注意行程位置。
> (2)拉线式玻璃升降器多采用螺栓连接方式。

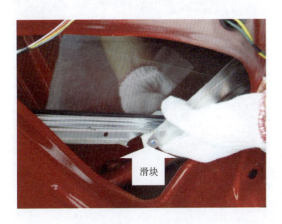

滑块

12 1号用一只手顶住车窗玻璃下方,另一只手捏住车窗玻璃上方,将车窗玻璃从门框上方取出。

> **提示**
>
> (1)车窗玻璃取出时,注意不能碰撞周边门框,防止损坏车窗玻璃。
> (2)车窗玻璃取下后,要放于软质的平垫上,防止破损。

第五步 玻璃升降器拆卸

1 1号使用一字螺丝刀,顶住玻璃升降器插接器卡扣,并拔出插接器。

> **提示**
>
> 拆卸玻璃升降器插接器时,要使卡扣锁止位置分离,才能拔出,不能硬拔,防止损坏线束和插接器。

2 1号使用 φ10mm 套筒、接杆、棘轮扳手组合拧松临时螺栓和3个固定螺栓，并取下3个固定螺栓。

> 提示
>
> 注意不能将临时螺栓取下。如果拆下临时螺栓，会造成玻璃升降器掉落，损坏玻璃升降器。

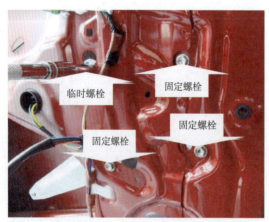

3 1号将玻璃升降器从车门框中取出。

> 提示
>
> 玻璃升降器从门框中取出时，注意不能碰撞门框周围，防止损伤漆膜。

第六步　玻璃升降器安装

1 1号将玻璃升降器放入车门框中，先将临时螺栓装回定位孔中，然后将其他3个固定螺栓用手拧入。

> 提示
>
> 用手拧入固定螺栓时，如果遇到阻力，应检查螺栓和螺栓孔是否损伤。

2 1号使用 φ10mm 套筒、接杆、棘轮扳手组合，拧紧临时螺栓和3个固定螺栓。

> 提示
>
> （1）拧紧玻璃升降器螺栓时，注意要交叉均匀地分次拧紧，防止车门框变形。
> （2）螺栓拧紧力矩为 8N·m。

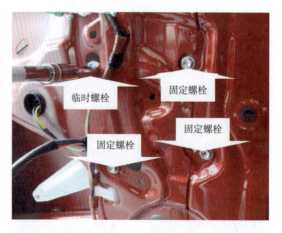

3 1号将玻璃升降器插接器插入升降器电动机孔内。

项目五 车窗玻璃及玻璃升降器拆装与更换

💡 提示

（1）玻璃升降器插接器有正反方向，插入时注意不能插反。

（2）插接器插到位时，能听到锁止卡扣"嗒"的声响。

4 2号将蓄电池负极电缆临时连接到蓄电池负极上。

💡 提示

（1）蓄电池通电，主要为检查玻璃升降器是否能正常运行。

（2）1号检查完玻璃升降器运行情况后，立即将蓄电池负极电缆拆除。

5 1号将玻璃升降器控制器插接器插入玻璃升降器控制开关，并按动开关，检查玻璃升降器上下的运行情况。

💡 提示

（1）玻璃升降器控制器插接器有正反方向，插入时注意不能插反。

（2）插接器插到位时，能听到锁止卡扣"嗒"的声响。

（3）如果不能正常运行，由电工检查电路。

第七步 车窗玻璃安装

1 1号站车门内侧，一只手握车窗玻璃上方，另一只手伸进车门内托住车窗玻璃下方。2号辅助1号，将车窗玻璃缓慢装入车门框内。

💡 提示

（1）车窗玻璃有正反方向，不能反向装入。

51

(2) 装车窗玻璃时动作要轻,防止玻璃破裂。

2 1号将玻璃升降器滑块装入车窗玻璃导轨槽内。

> 提示
>
> (1) 安装滑块前,先在滑块和玻璃导轨槽内涂上一层薄锂基润滑脂。
> (2) 玻璃升降器滑块装到玻璃导轨槽后,将其移到中间位置,并将玻璃升降器处于最下端位置。

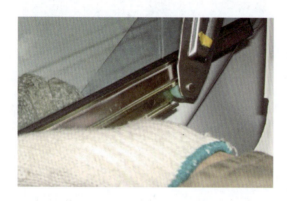

3 1号用身体顶住车门,将门角窗玻璃沿车门角窗导轨槽装入,并用手拍紧,使角窗密封条与车门框完全接合。

> 提示
>
> 安装好门角窗玻璃后,注意角窗密封条要完全与车门框配合,防止漏水、漏风。

4 1号用手捏住门窗分隔条分总成上端部,插入车门框内,导轨要卡入门角窗密封条。

> 提示
>
> 安装好门窗分隔条分总成后,注意角窗密封条要完全与门窗分隔条分总成配合,防止漏水、漏风。

5 2号将十字螺丝刀递给1号。

> 提示
>
> 螺丝刀头最好带有磁性,这样在安装过程中螺丝刀头能吸住槽内的螺钉,便于拆装。

6 1号使用十字螺丝刀预装门窗分隔条分总成上固定螺钉。

项目五 车窗玻璃及玻璃升降器拆装与更换

提示

(1) 门窗分隔条分总成上固定螺钉装入时,不要施加力矩,使门窗分隔条分总成下方2个固定螺栓孔位置便于对准,方便安装。

(2) 安装好门窗分隔条分总成下方2个固定螺栓后,然后拧紧,并将密封条装好。

8 1号使用 φ10mm 套筒、接杆、扭力扳手拧紧门窗分隔条分总成2个固定螺栓。

提示

(1) 拧紧门窗分隔条固定螺栓时,注意要交叉均匀地分次拧紧,防止车门框和门窗分隔条分总成变形。

(2) 门窗分隔条分总成固定螺栓拧紧力矩为 6.2N·m。

7 1号用手调整门窗分隔条分总成,将螺栓孔对准车门框安装孔,然后将门窗分隔条分总成下方2个固定螺栓拧入。

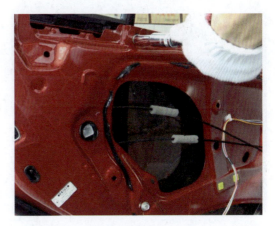

9 1号将玻璃升降槽沿车门框装入车门框槽内。

提示

门窗分隔条分总成下方固定螺栓在拧入时,如果遇到阻力,应旋出检查螺栓及螺栓孔是否损伤。

提示

(1) 注意检查车窗玻璃是否在导轨槽中。

(2) 玻璃升降槽要与车门框完全贴合严实,防止因密封不严,造成漏水等现象。

53

10 1号将腰线防护条总成平放于车窗框上,用力往下按,将两端卡扣卡入车门槽内。

⚠️ 提示

(1)腰线防护条总成安装时,往下按的用力要适当,防止变形。
(2)两端卡扣装到位时,能听到"嗒"的声响。

第八步 清洁整理工位

1号、2号共同清理、整理工具等;清扫地面卫生。

⚠️ 提示

作业项目完成后,要搞好工位的清扫、整理工作,培养良好的工作习惯。

11 1号将玻璃升降器控制器插接器插入控制开关。

⚠️ 提示

按动控制开关,检查玻璃升降器工作情况,玻璃从最低位置升至最高位置的时间应该在7s左右。

八、考核标准

考核标准表

考核时间	序号	考核项目	满分	评分标准	得分
20min	1	作业前整理工位	6	酌情扣分	
	2	安全防护用品的使用情况	4	操作时不戴手套扣4分	
			4	操作时不穿安全鞋扣4分	

续上表

考核时间	序号	考核项目	满分	评分标准	得分
20min	3	工具使用情况	2	未正确使用一字螺丝刀扣2分	
			2	未正确使用十字螺丝刀扣2分	
			2	未正确使用棘轮扳手、套筒、接杆工具拆装扣2分	
	4	拆卸蓄电池负极电缆	10	操作错误扣10分	
	5	拆卸防水保护膜	2	未正确拆卸防水保护膜扣2分,防水保护膜破损不得操作分	
	6	拆卸腰线防护条	4	未正确拆卸腰线防护条扣1分,腰线防护条断裂不得分	
	7	拆卸玻璃升降槽	2	未正确拆卸扣1分	
	8	拆卸门窗分隔条	6	未正确拆卸玻璃分隔条扣2分	
	9	拆卸角窗玻璃	5	未正确拆卸角窗玻璃扣5分	
	10	拆卸车窗玻璃	5	未正确拆卸车窗玻璃扣5分	
	11	拆卸玻璃升降器	5	未正确拆卸玻璃升降器扣5分	
	12	安装玻璃升降器	5	未正确安装玻璃升降器扣5分	
	13	安装车窗玻璃	5	未正确安装车窗玻璃扣5分	
	14	安装角窗玻璃	5	未正确安装角窗玻璃扣5分	
	15	安装门窗分隔条	4	未正确安装门窗分隔条扣2分	
	16	安装腰线防护条	2	未正确安装腰线防护条扣2分	
	17	检查玻璃升降器工作情况	10	安装完成后,未检查玻璃升降器工作状况扣10分	
	18	安装防水保护膜	5	未正确安装防水保护膜扣2分	
	19	超过规定操作时间	5	每超时1min扣1分,扣完为止	
	20	遵守相关安全规范		因违规操作造成人身和设备事故的,总分按0分计	
		分数合计	100		

知识拓展

电动玻璃升降器电气故障排除

当接通点火开关后,门窗继电器触点闭合,电动门电路与电源接通,将组合开关或分开关与"上"位接通,电流流经门窗电动机,电动机旋转带动升降器,使门窗玻璃上升;将组合开关或分开关与"下"位接通,流经门窗电动机的电流改变方向,电动机的旋转方向因而改变，升降器带动门窗玻璃下降。当门窗玻璃上升或下降到终点时，断路开关切断一段时间，然后再恢复到接通状态。

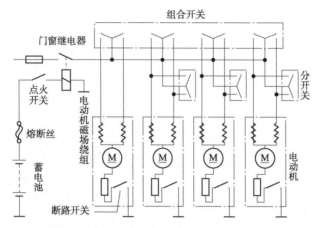

一辆行驶里程约 160000km 的 2003 款别克君威轿车的左前门玻璃停在中间位里，按开关没有反应。首先检查左前玻璃升降器的熔断丝，正常。拆开左前门内饰板，拔下玻璃升降器的电动机导线侧插接器并在两端子间串联一个试灯，按玻璃升降器开关，试灯能正常点亮，说明线路和升降器开关都正常，肯定是玻璃升降器电动机有问题。因车主嫌我公司的玻璃升降器电动机报价高，要求自己购买。车主自己采购来升降器电动机后立即换上，原以为上述故障一定可以排除，但试车又出现了一个新的故障：就是玻璃升降器下降到底后却升不上来。再次拔下升降器电动机导线侧插接器并在 2 端子间串联试灯，按升降器开关，试灯依旧能正常亮。为什么玻璃升降器电动机上升时电源和搭铁均正常，而玻璃却不能上升呢？难道是新换上的玻璃升降器电动机有问题？

拆下新换上的玻璃升降器电动机，插上导线侧插接器后按玻璃升降开关，试验发现电动机升降都正常了。再次将玻璃升降器电动机安装到位，故障依旧。在拔该电动机导线侧插接器时偶然发现导线侧插接器上的 2 根导线发热，难道是玻璃升降器在上升时有卡滞的地方？借用另一块蓄电池直接给玻璃升降器电动机通电（如果电动机运转时阻力过大，则导线容易过热.连接蓄电池时会有很大的火花产生），该电动机也能正常运转。综合以上两点现象，分析认为有可能是电动机线圈对外壳短路了（电动机在拆下车和装在车的区别就是一个电动机外壳是否搭铁，而用另外蓄电池供电和原车的搭铁线构不成回路，所以在将电动机拆下后试验，用另外蓄电池供电时玻璃升降器都能正常工作）。

拆下玻璃升降器电动机的 3 个固定螺栓，让电动机外壳不搭铁，试验发现，玻璃升降器电动机运转正常了。当按升降器开关上升时用搭铁轻轻划过电动机外壳，会有火花产生，而当控制玻璃升降器下降时没有火花产生，看来肯定是电动机线圈对外壳有短路之处。拆下电动机用万能表测量电动机上的 2 根导线间的电阻，为 2.8Ω；其中一根导线对电动机外壳的电阻为 2.8Ω；另外一根导线对外壳的电阻是 2.3Ω。看来是换新的玻璃升降器电动机质量确实有问题。

项目六　门锁机构拆装与更换

一、项目说明

1. 概述

车门作为汽车车身的一个重要组成部分，不但要满足人和货物的进出，还应具有密封性使车身内部与外界隔离，另外要求车门安全可靠，行驶或发生碰撞时车门不会自动打开，碰撞发生后能正常开启，具有良好的防盗性能。为满足这些要求除需要车门及车身有合理的结构和适当的强度外，还要求有安全可靠的锁闭系统。

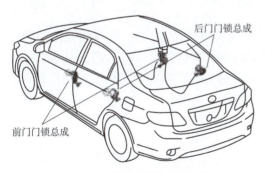

锁闭系统由锁闩和操纵部分组成，锁闩常见结构形式有舌簧式门锁、钩簧式门锁、卡板式门锁。

舌簧式门锁是利用锁舌与挡块的啮合与脱开实现锁紧与开启，锁舌是作直线往复运动，门锁有锁止机构，以防止门锁无意识开启。缺点是不能承受纵向载荷，安全性较低。同时关门费力，且噪声大，锁舌与挡块容易磨损。

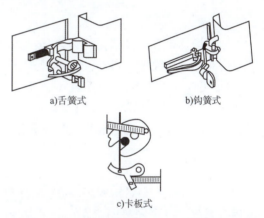

a) 舌簧式　　b) 钩簧式

c) 卡板式

钩簧式门锁是利用锁钩与挡块的啮合与脱开实现锁紧或开启，锁钩作摆式运动，缺点是承受纵向载荷能力极低。

卡板式门锁结构是利用棘轮、棘爪原理通过旋转卡板与挡块的啮合与脱开实现锁紧或开启，具有全锁紧和半锁紧两个位置，既安全又可靠，且可以承受较大的载荷，对装配要求较低，所以被普遍采用。

2. 作用

门锁是重要的安全机构，门锁由两个零件构成，一个零件固定在车门框上，另一个零件固定在车身上，通过锁闩阻止车门向外打开，通过简单的杠杆运动或压揿按钮的动作将它们脱开。门锁必须工作可靠，在一定的冲击力作用下不会自行脱开。

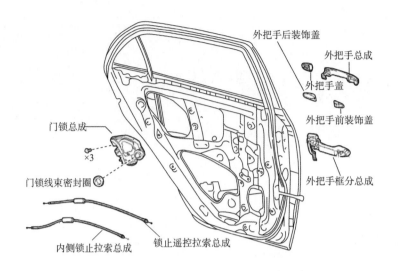

锁闩机构带有接受锁扣的锁钩,锁钩旋转后便死死咬住锁扣。同时,锁钩被棘轮止动,只要不操作放开锁钩,车门就不会开启。锁钩的固定位置分为两段,在门没有完全关严,便锁死时,就会出现门未关死的现象。

3. 结构

汽车门锁是一个结构复杂、功能要求多的组合系统。一个完整的汽车门锁系统必须能实现内开启、外开启、内锁止保险、外锁止保险及锁紧车门的功能。因此,汽车门锁机构总成一般由锁体、内开操纵机构、外开操纵机构、内锁止/解止操纵机构、外锁止/解止操纵机构、锁销/锁扣/挡块等组成。

锁体是汽车门锁机构总成的核心部分,装在车门内,与装在车门立柱上的锁扣(或挡块)啮合,以保持车门处于锁紧/开启位置的部件。

车内的内把手分总成或车外的外把手分总成是汽车门锁总成的操纵机构,靠连杆或拉索连接,可进行远距离操作。拉把手时,锁闩机构的锁钩退出,车门打开。操作车内的锁止机构可将车门锁死,拉动车内把手或车外把手都不会解除门锁。

(1)内开启功能。当门锁处于锁紧位置且需解止状态时,操作内开操纵机构,使卡板与止动爪脱离啮合状态,实现门锁开启的功能。在实际使用中,往往通过操作内手柄将动作传递到锁体,释放卡板实现门锁开启,车门被打开。

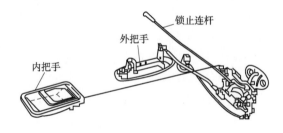

(2)外开启功能。当门锁处于锁紧位置且需解止状态时,操作外开操纵机构,使卡板与止动爪脱离啮合状态,实现门锁开启的功能。在实际使用中,往往通过操作外手柄将动作传递到锁体,释放卡板实现门锁开启,车门被打开。

(3)内锁止/解止功能。当门锁处于全锁紧位置时,操作内锁止/解止机构,使门锁处于锁止或解止状态。当门锁处于锁止状态时,操作内、外开操纵机构均不能将门锁开启,保证车门不会出现无意识打开。

(4)外锁止/解止功能。当门锁处于全锁紧位置时,操作外锁止/解止机构,使门锁处于锁止或解止状态。当门锁处于锁止状态时,操作内、外开操纵机构均不能把车门打开。

二、技术标准与要求

(1)参训学员必须穿戴必要的劳保用品,以免发生意外事故。

(2)拆装过程中,蓄电池不能通电,以免损坏电气设备。

(3)使用一字螺丝刀拆下一些装饰件时要注意保护面漆。

(4)如果没有将门外把手框分总成的分离板拉出固定住,分离板可能干扰门外把手总成,且拆下门外把手总成时也可能将其损坏。

(5)拆装过程中,尽量避免门锁总成与拉索总成分解,将其一体拆装。

(6)门锁总成拆装过后,必须检查门锁总成的工作情况,防止直接关闭车门后,不能开启。

三、实训时间

理论课时为2课时,实操课时为8课时。

四、实训教学目标

1. 知识目标

(1)了解汽车门锁机构总成的组成及作用。

(2)了解汽车门锁机构的内部结构。

(3)了解汽车门锁常见结构形式的分类和优缺点。

2. 技能目标

(1)正确描述汽车门锁机构总成拆装的方法和工艺过程。

(2)会运用所学知识对不同类型的汽车门锁机构总成进行正确的拆装。

五、实训器材

棘轮扳手、接杆、$\phi 10mm$ 套筒、卡扣专用拆卸工具、"TORX"梅花套筒扳手(T30)、一字螺丝刀(中、小号)、十字螺丝刀(中号)、两用 $\phi 10mm$ 扳手、两用 $\phi 8mm$ 扳手。

六、教学组织

1. 教学组织形式

每工位安排4名学生参与实训,2名学生为一组,单人操作,另1名学生辅助。一组操作,一组观察学习。

2. 学生站位分工和要求

2名学生一组,按照1号、2号进行编号,1号为主,2号为辅助。

3. 实训教师职责

讲解操作步骤和注意事项;下达"操作开始"口令;工位间巡视、检查、指导和纠正错误。

4. 学生职责变换

2名学生实行职责变换制度,即第一遍1号为主,2号辅助;第二遍2号为主,1号辅助。

七、操作步骤

第一步　事前准备

(参照项目四)

第二步　车门装饰板拆装

(参照项目四)

第三步　防水保护膜拆卸

(参照项目五)

第四步　车窗玻璃的拆卸

(参照项目五)

第五步　玻璃升降器拆卸

(参照项目五)

第六步　门锁总成拆卸

1 2号将"TORX"梅花套筒扳手(T30)递给1号。

 提示

"TORX"梅花套筒扳手(T30)主要用于内花键式的螺栓拆装。

2 1号使用"TORX"梅花套筒扳手(T30),拧松门锁机构总成与车门框的3个固定螺栓,并取下。

 提示

(1)固定螺栓为内花键式,拆卸时,注意要使梅花套筒扳手与螺栓花键完全接合,再施加扭力拧松,防止损坏花键。

(2)拆卸门锁机构总成固定螺栓时,注意要交叉均匀地分次拧松,防止变形。

3 2号将φ10mm套筒、接杆、棘轮扳手组合后传递给1号。

4 1号使用φ10mm套筒、接杆、棘轮扳手,拧松门锁机构总成固定支架2个固定螺栓,并取下。

项目六　门锁机构拆装与更换

> ⚠️ **提示**
>
> 拆卸固定支架固定螺栓时,注意要交叉均匀地分次拧松,防止变形。

（2）取出门锁机构总成时,注意儿童保护锁,防止脱落遗失。

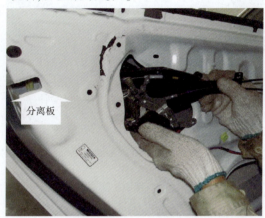

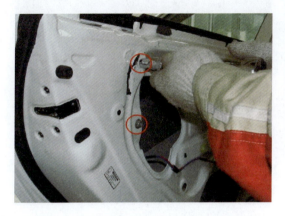

5 1号将内侧锁止拉索总成和锁止遥控拉索总成,从固定卡扣上拆下。

> ⚠️ **提示**
>
> 固定卡扣为塑料件,拆下拉索时,注意用力要适当,防止卡扣损坏。

7 1号使用一字螺丝刀顶住插接器锁止扣,使门锁机构总成与插接器分离。

> ⚠️ **提示**
>
> （1）如果插接器配合较紧时,可用一字螺丝刀轻轻撬动门锁机构总成插接器插座。
>
> （2）插接器锁止扣未松开时,禁止拉拔线束,防止损坏。

6 1号将门锁机构总成向下移动,将分离板从外把手框中拉出,并取下门锁机构总成。

> ⚠️ **提示**
>
> （1）门锁机构总成未与外把手框分离板分离,禁止拉动门锁机构总成,防止损坏。

第七步　外把手总成拆卸

1 2号将"TORX"梅花套筒扳手(T30)递给1号。

> ⚠️ **提示**
>
> "TORX"梅花套筒扳手(T30)主要用于内花键式的螺栓拆装。

61

2 1号使用"TORX"梅花套筒扳手(T30)将外把手前装饰盖固定螺栓拧松，并取下。

！提示

（1）外把手前装饰盖与外把手框分总成螺栓1号共用1个螺栓，不能取下。

（2）外把手前装饰盖固定螺栓拧松时，要用手捏住装饰盖，防止装饰盖掉落。

3 1号使用"TORX"梅花套筒扳手(T30)将外把手框分总成固定螺栓2号拧松，并取下。

！提示

（1）固定螺栓为内花键式，拆卸时，注意要使梅花套筒扳手与螺栓花键完全接合，再施加扭力拧松，防止损坏花键。

（2）拆卸外把手框分总成固定螺栓时，注意要交叉均匀地分次拧松，防止变形。

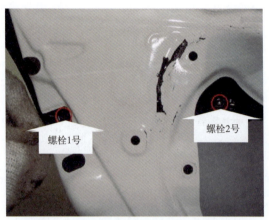

4 1号将外把手总成向外把手前装饰盖方向轻轻拉动，然后向外取出。

！提示

如果没有将外把手框分总成的分离板拉出并固定住，分离板可能干扰外把手总成，且拆下外把手总成时也可能将其损坏。

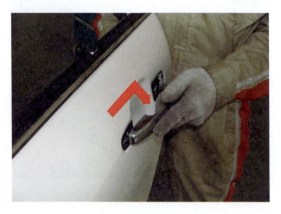

5 1号将外把手框分总成从车门框中取出。

！提示

（1）外把手框分总成取出时，注意门框周围，防止外把手框分总成碰撞，损伤漆膜。

（2）分离板与分把手框总成连接在一起，取出时防止损伤。

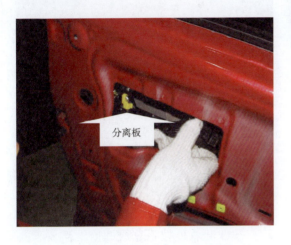

6 1号将外把手总成密封垫取下。

> ⚠ 提示

（1）密封垫固定由前后2个卡爪扣于车门外板孔内，拆卸时，注意用力要适当，防止损坏。

（2）密封垫是外把手总成固定时起密封作用。

7 1号将外把手前装饰盖密封垫取下。

> ⚠ 提示

密封垫固定由前后2个卡爪扣于车门外板孔内，拆卸时，注意用力要适当，防止损坏。

第八步　外把手总成安装

1 1号安装外把手前装饰盖密封垫。

> ⚠ 提示

将前装饰盖密封垫定位销装入车门外板定位孔内，并使密封垫与车门外板孔边缘完全贴合，防止雨水渗入。

2 1号安装外把手总成密封垫。

> ⚠ 提示

将外把手总成密封垫定位销装入车门外板定位孔内，并使密封垫与车门外板孔边缘完全贴合，防止雨水渗入。

3 1号将外把手框分总成放入车门框中,并对准螺栓孔位置。

> ⚠️ 提示
>
> (1) 外把手框分总成放入前,在滑动部位涂抹通用润滑脂。
> (2) 外把手框分总成放入时,注意门框周围,防止外把手框分总成碰撞,损伤漆膜。

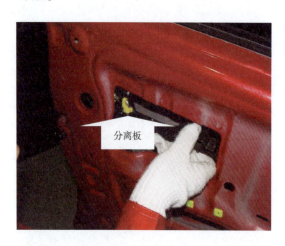

4 1号使用"TORX"梅花套筒扳手(T30)将外把手框分总成固定螺栓2号拧紧。

> ⚠️ 提示
>
> (1) 使用工具拧紧固定螺栓前,先用手拧入,如遇到阻力,应将固定螺栓旋出,检查螺栓和螺栓孔是否有损伤。

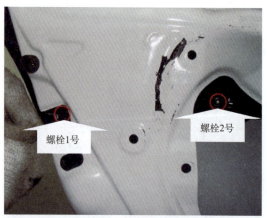

(2) 固定螺栓1号与外把手前装饰盖共用,拧入后先不要施加扭力。

5 1号将外把手总成的前端插入车门外把手框内,然后把外把手总成向车辆前方滑动。

> ⚠️ 提示
>
> 如未拉出并固定住直角杠杆就安装外把手总成,直角杠杆会妨碍外把手总成,损坏分离板。

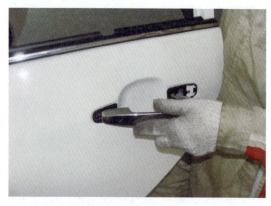

6 2号将"TORX"梅花套筒扳手(T30)递给1号。

> ⚠️ 提示
>
> "TORX"梅花套筒扳手(T30)主要用于内花键式的螺栓拆装。

项目六 门锁机构拆装与更换

7 1号将外把手前装饰盖装入车门孔内,用手抵住,然后使用"TORX"梅花套筒扳手(T30)旋入外把手框分总成固定螺栓。

提示

(1)安装外把手框分总成2个固定螺栓时,注意要交叉均匀地分次拧紧,防止变形。

(2)外把手框分总成固定螺栓拧紧力矩为4N·m。

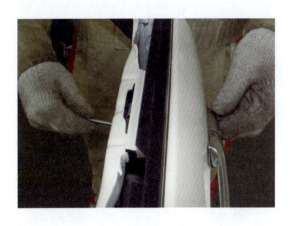

8 安装完毕后,1号用手拉动外把手总成,检查外把手总成是否灵活、牢固。

提示

如拉动过程中,有过紧现象,调整外把手总成与外把手装饰盖之间的间隙,确保无卡滞现象。

第九步 门锁总成安装

1 1号用手握住门锁总成,将控制开关插接器插入门锁总成座孔内。

提示

(1)重复使用已拆下的门锁总成时,须更换新的插接器密封圈,防止连接部位进水,导致门锁总成发生事故。

(2)插接器安装到位后,能听到插接器锁止扣发出"嗒"的声响。

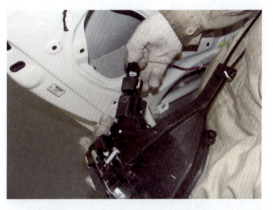

2 1号将门锁总成放入车门框内,并将位置调整好,用一只手轻轻托住固定。

> 提示
>
> (1)门锁机构总成装入前,在滑动部位涂抹通用润滑脂。
> (2)门锁机构总成装入时,要将外把手框分离板安装到门锁机构固定位置上,否则拉动外把总成开启车门会失效。

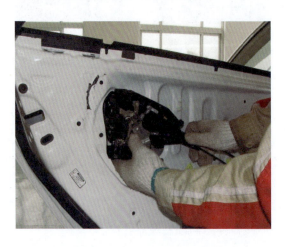

3 门锁总成装入后,1号调整锁闩位置,并检查儿童保护锁有没有安装到位,用手拨动检查儿童保护锁能否正常运行。

> 提示
>
> 如果拨动儿童保护锁时,有卡滞现象,则应对门锁总成安装位置进行调整。

4 2号将φ10mm套筒、接杆、棘轮扳手组合后传递给1号。

5 1号使用φ10mm套筒、接杆、棘轮扳手,拧紧门锁机构总成固定支架2个固定螺栓。

> 提示
>
> (1)用手拧入时,如遇到阻力,应将固定螺栓旋出,检查螺栓和螺栓孔是否有损伤。
> (2)安装固定支架固定螺栓时,先不要施加力矩,待门锁总成3个固定螺栓旋入后,再施加力矩。

6 1号用手将门锁总成3个固定螺栓拧入车门框内。

> 提示
>
> 用手拧入时,如遇到阻力,应将固定

螺栓旋出,检查螺栓和螺栓孔是否有损伤。

7 2号将"TORX"梅花套筒扳手(T30)递给1号。

 提示

"TORX"梅花套筒扳手(T30)主要用于内花键式的螺栓拆装。

8 1号使用"TORX"梅花套筒扳手(T30),拧紧门锁机构总成与车门框的3个固定螺栓。

 提示

(1)拧紧门锁机构总成固定螺栓时,注意要交叉均匀地分次拧松,防止变形。

(2)门锁机构总成固定螺栓拧紧力矩为8N·m。

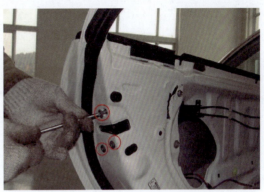

9 1号使用十字螺丝刀将门锁机构总成闭合,然后拉动外把手总成和锁止遥控拉索,并观察锁闩能否正常开启门锁总成。

 提示

(1)闭合门锁机构总成锁闩时,用力要适当,防止滑落,损伤周围的漆膜。

(2)拉动外把手总成和锁止遥控拉索,要均能开启门锁总成,如不能正常开启,则检查安装是否正确。

第十步　清洁整理工位

1号、2号共同清理、整理工具等;清扫地面卫生。

> **提示**
>
> 作业项目完成后,要搞好工位的清扫、整理工作,培养良好的工作习惯。

八、考核标准

考 核 标 准 表

考核时间	序号	考核项目	满分	评分标准	得分
20min	1	作业前整理工位	3	酌情扣分	
	2	安全防护用品的使用情况	4	操作时不戴手套扣4分	
			4	操作时不穿安全鞋扣4分	
	3	工具使用情况	2	未正确使用一字螺丝刀扣2分	
			2	未正确使用十字螺丝刀扣2分	
			2	未正确使用棘轮扳手,套筒,接杆工具拆卸扣2分	
			2	未正确使用"TORX"梅花扳手扣2分	
	4	拆卸蓄电池负极电缆	10	操作错误扣10分	
	5	拆卸门锁总成固定螺栓	6	未正确拆卸门锁总成固定螺栓扣2分	
	6	拆卸门锁固定架螺栓	4	未正确拆卸固定架螺栓扣2分	
	7	拆卸内侧拉索、锁止遥控拉索	4	未正确拆卸内侧拉索、锁止遥控拉索扣2分	
	8	取下门锁总成	2	未正确取下门锁总成扣2分,取下时门锁总成损坏不得此项分	
	9	拆卸门锁总成插接器	2	未正确拆卸总成插接器扣2分	
	10	拆卸外把手前装饰盖	4	未正确拆卸装饰盖扣4分	
	11	拆卸外把手框固定螺栓	4	未正确拆卸外把手框固定螺栓扣2分	
	12	拆卸外把手总成	2	未正确拆卸外把手总成扣2分	
	13	取下外把手框总成	4	未正确取下外把手框总成,有漆面损伤或外把手框破损不得分	

项目六　门锁机构拆装与更换

续上表

考核时间	序号	考核项目	满分	评分标准	得分
20min	14	拆卸外把手密封垫	4	未正确拆卸密封垫扣2分,密封垫破损不得分	
	15	安装外把手密封垫	4	未正确安装密封垫扣2分	
	16	安装外把手框总成	2	未正确安装外把手框扣2分	
	17	安装外把手总成	2	未正确安装外把手总成扣2分	
	18	安装门锁总成插接器	2	未正确安装门锁总成插接器扣2分	
	19	安装门锁总成	10	未正确安装门锁总成扣2分	
	20	检查门锁总成工作情况	10	安装完成后,未检查玻璃升降器工作状况扣10分	
	21	超过规定操作时间	5	每超时1min扣1分,扣完为止	
	22	遵守相关安全规范		因违规操作造成人身和设备事故的,总分按0分计	
		分数合计	100		

知识拓展

汽车电控门锁的组成

汽车电控门锁系统主要由控制开关、门锁控制器和门锁执行机构等组成。

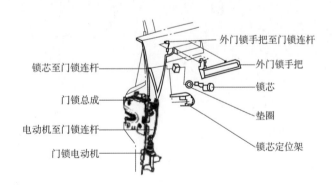

（1）门锁控制开关。控制开关一般安装在前左门和右门的扶手上。将开关推向前门是锁门,推向后门是开门。

（2）钥匙开锁报警开关。用于探测点火钥匙是否插进钥匙门内,当钥匙在钥匙门内,钥匙开锁报警开关接通电话报警;当钥匙离开钥匙门时取消报警。

（3）钥匙控制开关。安装在每个前门的钥匙门上。当从外面用钥匙开门和关门时,钥匙控制开关便发出开门或锁门的信号给门锁ECU。

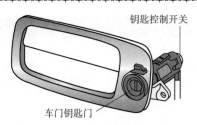

(4)行李舱门开启器开关。位于仪表板下面,拉动此开关便能打开行李舱门。钥匙门靠近行李舱门开启器,推压钥匙门,断开行李舱内主开关,此时再拉开启器开关也不能打开行李舱门。将钥匙插进钥匙门内顺时针旋转打开钥匙门,当主开关再次接通,便可用行李舱门开启器打开行李舱。

(5)门控开关。用于探测车门的开闭情况。车门打开时,门控开关接通;车门关闭时,门控开关断开。

(6)门锁开关。用于检测车门的开闭情况。当车门关闭,门锁开关断开;车门开启,门锁开关接通。

项目七　后视镜的拆装与更换

一、项目说明

1. 概述

后视镜是驾驶人在行驶中获取汽车后方、侧方等外部信息的工具,且所有后视镜都必须能调整方向。为了方便操作,保障行车安全,现代汽车的后视镜都改为电动的,由电气控制系统来操纵。

汽车后视镜俗称倒车镜,通常分为车外和车内两种。后视镜属于重要安全件,它的镜面、外形和操纵都颇有讲究。

车外后视镜有左右两个,主要是让驾驶人观察汽车左右两侧的行人、车辆以及其他障碍物的情况,确保行车或倒车安全。

车内后视镜只有一个,主要供驾驶人观察和注视车内乘员、物品以及车后路面的情况。车内后视镜还具有在夜间防止后随车辆的前照灯光线所引起炫目功能。

2. 类型

现代汽车的后视镜种类繁多,功能各异,但按其分类方式主要有以下四种:

(1)按安装位置分类:后视镜可分为内后视镜、外后视镜和下视镜三种。

内后视镜安装在汽车驾驶室内部,供驾驶人观察和注视车内后部乘员或物品的情况。现在多数轿车采用电动外后视镜,而对于内后视镜仍采用传统的方式。下视镜多用于大型货车当中,供驾驶人观察车头路面情况。

(2)按后视镜的镜面形状分类:后视镜可分为平面镜、球面镜以及双曲率镜三种。另外,还有一种棱形镜,其镜表面平坦,截面为棱形,通常用作防炫目的内后视镜。

平面镜能改变光的传播路线,但不能改变光束性质,即入射光分别是平行光束、发散光束等光束时,反射后仍分别是平行光束、发散光束。优点是后视物体无失真,能真实反射出车后物体的真实外形及实际距离,传递给驾驶人比较直观且较准确的判断信息。缺点是后视镜范围较小,造成过多的视觉盲区。

球面镜能改变光的传播路线,也能改变光束性质,变为发散光束。特点是后视物体缩小,后视范围、视角扩大,不能真实反射出车后物体大小及实际距离,驾驶人需经过一段适应对比过程。

双曲率镜为平面镜和球面镜的完美拼合,它弥补了平面镜后视范围过小,球面镜反映后方物体不真实的不足,在影像真实不失真的情况下提高了视野范围,视觉柔和清晰。它的球面部分曲率半径较大,一般为SR2000左右,基本上解决了失真问题。

(3)按反射膜材料分类:根据制镜时涂用的反射膜材料分类,可分为铝镜、银镜、铬镜以及蓝镜四种。一般的后视镜反射膜材料均为铝和银材料。

镀银、镀铝镜面的特点为反射率较高，看得清晰，但长时间观察镜面容易对眼睛造成疲劳，且防腐蚀性能较差，容易产生氧化，成本较低，在强光照射下后视镜反射物体容易变模糊。

镀铬镜面反射率比较适合于对眼部的刺激，防腐蚀性能较好，目前使用的后视镜大多采用此类镀层方式，在强光照射下后视镜反射物体也会产生模糊现象，较镀银和镀铝面要缓和。

TiO_2 涂层镜面(俗称蓝镜)有防眩目的功能，以减少眼部的疲劳，目前中高档轿车后视镜比较普遍采用，但加工工艺比较复杂，色差的稳定性较难控制。

(4)按后视镜的调节方式分类：可分为车外调节和车内调节两种。两者在结构上有较大的差别。

车外调节式后视镜是在停车状态下，通过用手直接调节镜框或镜面位置的方式来完成的调节，一般适用于大型汽车、载货汽车和低档客车。

车内调节式后视镜是指驾驶人可在行驶中调节后视镜，中、高档轿车大都采用车内调节方式。该方式又分为手动调节式(钢丝索传动调节或手柄调节)和电动调节式两种。电动调节式后视镜是目前中、高档轿车普遍采用的标准装备。

3. 作用

汽车后视镜通过镜面反射，主要反映汽车后方、侧方及下方的情况，使驾驶人可以间接地看清楚这些位置的情况，它起着"第二只眼睛"的作用，扩大了驾驶人的视野范围，提高了行驶的安全性。

4. 结构

汽车后视镜总成结构见下图，一般由后视镜玻璃、后视镜框、2个可逆电动机、减速齿轮、蜗轮、螺旋枢轴、折叠机构等组成。

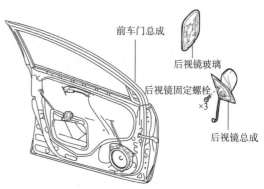

电动后视镜主要由永磁式电动机、传动机构和控制开关等组成。每个后视镜都有两套驱动装置，由电动后视镜开关进行操纵，其中一个电动机和传动机构用于后视镜水平方向的转动，另一个电动机和传动机构则用于后视镜垂直方向的转动。

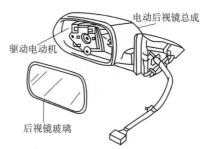

典型的后视镜结构，主要以枢轴为中心，由使后视镜能上下、左右方向灵活变换位置的两个独立的微电动机、永久磁铁和霍尔集成电路等构成。根据霍尔集成电路产生的信号电压，可对后视镜的所在位置进行检测。

二、技术标准与要求

(1)参训学员必需穿戴相应的劳保用品(棉纱手套、安全鞋)，以免发生意外事故。

(2)拆装前先将蓄电池断电，以免损坏用电设备。

(3)使用一字螺丝刀或卡扣专用拆卸工具,拆卸一些装饰件时要注意保护漆面,防止损伤漆膜。

(4)内饰件拆装过程中,要注意保护表面不被划伤,防止因损伤造成内饰件的美观性。

(5)拆装过程中,要特别掌握合适的力度,禁止野蛮操作,防止损坏零部件。

三、实训时间

理论课时为 2 课时,实操课时为 8 课时。

四、实训教学目标

1. 知识目标

(1)了解后视镜总成的组成结构及作用。

(2)了解后视镜的各种分类方法及特点。

2. 技能目标

(1)正确描述后视镜总成拆装的方法和工艺过程。

(2)会运用所学知识对不同类型的后视镜总成进行正确的拆装。

五、实训器材

棘轮扳手、接杆、φ10mm 套筒、卡扣专用拆卸工具、"TORX"梅花套筒扳手(T30)、一字螺丝刀(中、小号)、十字螺丝刀(中号)、两用 φ10mm 扳手、两用 φ8mm 扳手。

六、教学组织

1. 教学组织形式

每工位安排 4 名学生参与实训,2 名学生为一组,单人操作,另 1 名学生辅助。一组操作,一组观察学习。

2. 学生站位分工和要求

2 名学生一组,按照 1 号、2 号进行编号,1 号为主,2 号为辅助。

3. 实训教师职责

讲解操作步骤和注意事项;下达"操作开始"口令;工位间巡视、检查、指导和纠正错误。

4. 学生职责变换

2 名学生实行职责变换制度,即第一遍 1 号为主,2 号辅助;第二遍 2 号为主,1 号辅助。

七、操作步骤

第一步 事前准备

(参照项目四)

第二步 车门内把手及扶手座总成拆卸

(参照项目四)

第三步 车门装饰板总成拆卸

(参照项目四)

第四步　下门框支架装饰条拆卸

1 2号将一字螺丝刀递给1号。

> 提示
>
> 一字螺丝刀主要用于撬开下门框支架装饰条。最好使用塑料撬棒。

2 1号使用一字螺丝刀从下门框支架装饰条边缘处插入，撬出下门框支架装饰条分总成。

> 提示
>
> （1）下门框支架装饰条为塑料制品，撬动时，用力要适当，防止损坏。
> （2）撬动前，在车门框与下门框支架装饰条边缘垫上软质物品，防止损伤漆膜。

3 1号使用一字螺丝刀抵住扬声器插接器锁止卡扣，并拔出插接器，取下下门框支架装饰条。

> 提示
>
> （1）扬声器装于下门框支架装饰条内侧，插接器未拆卸时，禁止大幅度拉扯。
> （2）插接器锁止扣未解锁状态下，不能拉拔线束，防止损坏。

第五步　后视镜总成拆卸

1 1号用手抵住后视镜线束插接器锁止扣，并将后视镜线束拔下。

> 提示
>
> （1）插接器锁止扣未解锁状态下，不能拉拔线束，防止损坏。
> （2）如果插接器锁止扣配合较紧，可使用一字螺丝刀轻轻撬动拆卸。

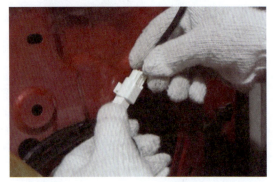

2 2号将φ10mm套筒、接杆、棘轮扳手组合后传递给1号。

项目七　后视镜的拆装与更换

3 1号使用 φ10mm 套筒、接杆、棘轮扳手拧松后视镜总成3个固定螺栓，并取下。

> 提示
>
> 拆卸后视镜总成固定螺栓时，注意要交叉均匀地分次拧松，防止变形。

4 1号用手抵住后视镜总成临时固定扣，将后视镜总成与门框分离。

> 提示
>
> （1）临时固定扣采用塑料材料制成，扳动时，用力要适当，防止扳断。

（2）如果临时固定扣配合较紧时，可微微抬高后视镜总成，方便拆卸。

5 1号用手握住后视镜总成，将后视镜总成线束从门框线束座孔中抽出，取下后视镜总成。

> 提示
>
> 后视镜总成线束从线束座孔中抽出时，禁止拉扯，防止拉断线束。同时注意线束不能和门框线束座孔擦碰，而划伤线束橡胶外皮。

第六步　后视镜总成安装

1 1号用手握住后视镜总成，将后视镜总成线束从门框线束座孔中穿入。

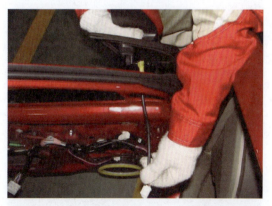

> 提示
>
> （1）后视镜总成线束穿入座孔前，先调

整好后视的正反方向,然后将插接器插入座。

(2)注意线束不能和门框线束座孔擦碰,而划伤线束橡胶外皮。

2 1号将后视镜总成临时扣扣入门框。

> **提示**
>
> (1)后视镜总成临时扣扣入门框安装到位后,能听"嗒"的声响。
>
> (2)临时扣不能承受大的冲击力,安装到位后,禁止大力扳动后视镜总成。

3 1号轻轻移动后视镜总成,将螺栓孔对准,并用手把后视镜总成3个固定螺栓拧紧。

> **提示**
>
> 用手拧入固定螺栓时,如果遇到阻力,应检查螺栓和螺栓孔是否损伤。

4 2号将 φ10mm 套筒、接杆、棘轮扳手组合后传递给1号。

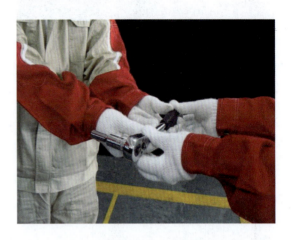

5 1号使用 φ10mm 套筒、接杆、棘轮扳手组合拧紧后视镜3个固定螺栓。

> **提示**
>
> (1)安装后视镜总成固定螺栓时,注意要交叉均匀地分次拧紧,防止变形。
>
> (2)后视镜总成固定螺栓拧紧力矩为 9N·m。

6 1号后视镜总成线束插接器插入插接器座孔内。

> **提示**
>
> 后视镜总成线束插接器,插入线束座

孔,安装到位后,能听"嗒"的声响。

工维修。

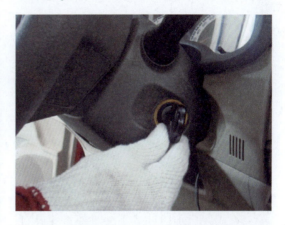

7 2号将蓄电池负极电缆临时连接到蓄电池负极上。

9 1号将点火开关置于"ON"挡位,然后按动后视镜控制按钮,并观察后视镜总成是否能上下、左右正常运行。

提示

(1)蓄电池通电,主要为检查后视镜总成是否能正常运行。

(2)1号检查完后视镜总成运行情况后,立即将蓄电池负极电缆拆除。

提示

(1)如果后视镜总成不能正常运行,参照维修手册,进行相关的检查。

(2)如果检查结果是电路故障,交由电工维修。

8 1号将点火开关置于"ON"挡位,然后按动后视镜控制按钮,并观察后视镜总成是否能上下、左右正常运行。

第七步　下门框支架装饰条安装

1 1号将扬声器分总成线束插接器,插入扬声器分总成插接器座孔内。

提示

(1)如果后视镜总成不能正常运行,参照维修手册,进行相关的检查。

(2)如果检查结果是电路故障,交由电

提示

扬声器分总成线束插接器,插入线束座

孔,安装到位后,能听"嗒"的声响。

2 1号将下门框支架装饰条固定扣对准孔位置,用手将其按入。

> 提示
>
> 下门框支架装饰条固定扣,安装到位

后,能听"嗒"的声响。

第八步 车门装饰板总成安装

(参照项目四)

第九步 车门内把手及扶手座总成安装

(参照项目四)

第十步 清洁整理工位

1号、2号共同清理、整理工具等;清扫地面卫生。

> 提示
>
> 作业项目完成后,要搞好工位的清扫、整理工作,培养良好的工作习惯。

八、考核标准

考核标准表

考核时间	序号	考核项目	满分	评分标准	得分
10min	1	作业前整理工位	6	酌情扣分	
	2	安全防护用品的使用情况	4	操作时不戴手套扣4分	
			4	操作时不穿安全鞋扣4分	
	3	工具使用情况	2	未正确使用一字螺丝刀扣2分	
			2	未正确使用棘轮扳手,套筒,接杆工具拆卸扣2分	

项目七　后视镜的拆装与更换

续上表

考核时间	序号	考核项目	满分	评分标准	得分
10min	4	拆卸蓄电池负极电缆	10	操作错误扣10分	
	5	拆卸下门框支架装饰条	4	未正确拆卸下门框支架装饰条扣4分	
	6	拆卸扬声器插接器	4	未正确拆卸扬声器插接器扣4分	
	7	拆卸后视镜线束插接器	4	未正确拆卸线束插接器扣4分	
	8	拆卸后视镜总成固定螺栓	12	未正确拆卸后视镜总成固定螺栓扣4分	
	9	拆卸临时固定扣	7	未正确拆卸临时固定扣扣5分,临时固定扣破损不得此项分	
	10	安装后视镜总成	10	未正确安装后视镜总成扣5分	
	11	安装后视镜固定螺栓	12	未正确安装后视镜固定螺栓扣4分	
	12	检查后视镜总成工作情况	10	未检查后视镜总成工作情况扣10分	
	13	安装下门框支架装饰条	4	未正确安装下门框支架装饰条扣4分	
	14	超过规定操作时间	5	每超时1min扣1分,扣完为止	
	15	遵守相关安全规范		因违规操作造成人身和设备事故的,总分按0分计	
		分数合计	100		

知识拓展

电动后视镜

一、电动后视镜的功能

目前,中、高档汽车上使用较多的是电动后视镜,其功能主要有以下几个方面。

1. 后视镜的记忆存储功能

每个驾驶人可根据个人身高与驾驶习惯的不同,以及座椅及转向盘的最佳舒适性,来调节后视镜的最佳视角,然后进行记忆存储。

当其他人驾驶汽车后,或被他人调整已记忆的视角后,由于存储的信息存在,驾驶人都可以非常轻松地开启记忆存储功能,使所有内在设施恢复至最佳设定状态。

2. 后视镜的加热除霜功能

有的后视镜增设了加热除霜功能,例如采用了电加热除霜镜片,驾驶人可以开启加热除霜功能,清洁镜面的积雾、冬天积霜和雨水等。

3.后视镜的自动折叠功能

该功能可防擦伤及缩小停车泊位空间,保证在后视安全性上把损害程度降低到最小限度。有的后视镜设计成为电动折叠方式,驾驶人在车内就可方便地调节。

4.带刮水器、洗涤器的后视镜

有些后视镜增设了刮水器和洗涤器,用于刮去外后视镜上的雨、雪、泥浆及灰尘等,可以在各种情况下清晰地观察到汽车外部情况。

5.具有测距和测速功能的后视镜

为提高视认性而安装的测距和测速用后视镜。驾驶人可通过这种特殊的后视镜,看清后面跟随而来的车辆的距离,并估计出其行驶的速度,保证汽车安全行驶。

二、电动后视镜的调节

电动后视镜又称倒车镜,是汽车在行驶和倒车等过程中观察后方、侧方等路况的重要部件,它的使用驾驶人并不陌生,但如何才是正确调整后视镜的方法呢。

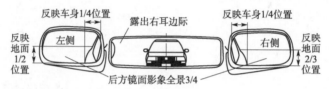

后视镜调整注意事项:

(1)首先要把坐姿调整好,再来调整镜面。

(2)对于车内后视镜,左、右位置调整到镜面的左侧边缘正好切至自己在镜中影像的右耳际。这表示,在一般的驾驶情况下,从车内后视镜里是看不到自己的,而上、下位置则是把远处的地平线置于镜面中央。

项目八　前保险杠总成拆装与更换

一、项目说明

1. 概述

现代意义的轿车保险杠又称前包围,位于汽车前方和后方的大部分区域,是吸收和减缓外界冲击力、防护车身前后部的安全装置,也是为了避免车辆因外部损坏对车辆安全系统造成影响,它们具有在高速撞击时减少驾乘人员伤害的能力。

20世纪80年代以前,轿车前保险杠以金属材料为主,用厚度为3mm以上的钢板冲压成U形槽钢,表面镀铬处理,与车身纵梁采用铆接或焊接连接在一起。

随着汽车工业的发展,现代轿车的保险杠绝大多数用塑料制成,人们称为塑料保险杠,而原来意义上的金属材质保险杠则被称为防撞梁或保险杠加强梁。

这种塑料保险杠使用的塑料,一般为聚酯系和聚丙烯系两种材料,采用注射成型法制成。国外还有一种称为聚碳酯系的材料,渗进合金成分,采用合金注射成型的方法,加工出来的保险杠不但具有高强度的刚性,还具有可以焊接的优点,而且涂装性能好,在轿车上得到广泛运用。

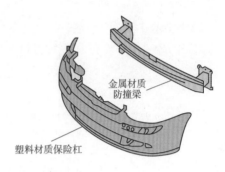

金属材质防撞梁

塑料材质保险杠

2. 作用

作为安全防护部件,防撞梁系统在被动安全性方面发挥了积极重要的作用,汽车前防撞梁主要起到保护前车身的功能。但对现代轿车车身而言,还要追求车身造型和谐统一,追求自身的轻量化。

现在的轿车前后保险杠结构已经与二三十年前的车型广泛采用的外置式保险杠完全不同。目前常见的轿车前后保险杠一般都是由塑料保险杠壳体、加强横梁、左右两个吸能支架以及其他安装用部件组成。塑料保险杠壳体便是能从外观上看到的保险杠。近年来,由于造型设计的发展,以及行人保护的需要,大多数轿车的前保险杠都采用保险杠与散热器格栅一体式设计。同时,塑料保险杠还要具有足够的强度和刚性,当汽车发生碰撞时能起到缓冲作用,以起到保护前车身及乘客的安全。

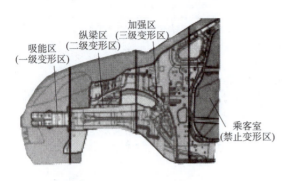

3. 结构

汽车前保险杠由外板、缓冲材料和横梁等三部分组成。其中外板和缓冲材料用塑料和泡沫制成，横梁（俗称防撞梁）用厚度为 1.5mm 左右的冷轧薄板冲压而成 U 形槽，少数高档轿车采用铝合金制成。外板和缓冲材料用卡扣等安装在车身附件上，横梁与车身纵梁采用螺栓连接，为维修方便，可以随时拆卸。

直接吸能型保险杠将泡沫塑料或橡胶等吸收冲击能量的材料填充于支架和面罩支架，构成具有一定能量吸收功能的保险杠，当汽车受到轻度冲击时，填充材料受冲击压迫后的瞬间变形直接吸收能量。

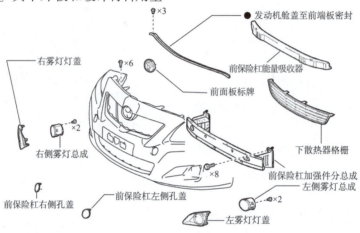

二、技术标准与要求

（1）操作过程中，应尽量避免拆装时划伤保险杠面漆。

（2）参训学员必须穿戴必要的劳保用品，以免发生意外，安全第一。

（3）拆装过程中，要特别注意掌握合适的力度，禁止粗暴操作，损坏零部件，影响再次使用。

（4）在内饰件的拆装过程中，要注意保护表面装饰件不被划伤。

（5）前保险杠加强件分总成固定螺栓的拧紧力矩为 50N·m。

（6）安装好后，检查发动机舱盖与前保险杠总成的配合间隙，间隙应为 -1.5 ~ 1.5mm。

（7）前翼子板总成与前保险杠总成的配合间隙应小于 3mm。

三、实训时间

理论课时为 2 课时，实操课时为 8 课时。

四、实训教学目标

1. 知识目标

（1）了解前保险杠总成的组成及作用。

（2）了解前保险杠总成的结构。

2. 技能目标

（1）掌握前保险杠总成拆装的方法和工艺过程。

（2）会运用所学知识对不同类型的保险杠总成进行正确的拆装。

五、实训器材

棘轮扳手、接杆、ϕ10mm 套筒、卡扣专用拆卸工具、"TORX"梅花套筒扳手（T30）、一字螺丝刀（中、小号）、十字螺丝刀（中号）、两用 ϕ10mm 扳手、两用 ϕ8mm 扳手。

六、教学组织

1. 教学组织形式

每工位安排 4 名学生参与实训，2 名学生为一组，单人操作，另 1 名学生辅助。一组操作，一组观察学习。

2. 学生站位分工和要求

2 名学生一组，按照 1 号、2 号进行编号，1 号为主，2 号为辅助。

3. 实训教师职责

讲解操作步骤和注意事项；下达"操作开始"口令；工位间巡视、检查、指导和纠正错误。

4. 学生职责变换

2 名学生实行职责变换制度，即第一遍 1 号为主，2 号辅助；第二遍 2 号为主，1 号辅助。

七、操作步骤

第一步 事前准备

1 参训学生将工位卫生清理干净，排除障碍物，准备好相关的工具、物品等。

> **提示**
>
> 培养良好的工作习惯，做好事前准备，有利于安全操作和提高工作效率。

2 1 号打开汽车左前门，拉紧驻车制动器操纵杆，并将变速器置于空挡位。

> **提示**
>
> 为保证车辆在工位上的可靠停驻，防止出现溜滑，造成安全事故。因此，要拉紧驻车制动器操纵杆并将变速器置于空挡位。

第二步 打开发动机舱盖

1 2号打开汽车左前门,拉起发动机舱盖锁控制杆分总成。

> ⚠️ **提示**
>
> 发动机舱盖锁控制拉杆为塑料件,拉起时用力要适度,防止将拉索拉断,造成器件损坏。

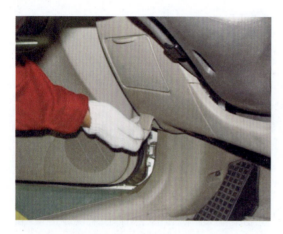

2 1号学生用一只手微微拉起发动机舱盖,另一只手伸进发动机舱盖缝隙中,用手顶起发动机舱盖锁总成活动扣。

> ⚠️ **提示**
>
> 发动机舱盖锁总成为二级锁止机构,一级锁钩由拉索控制,二级锁钩为机械装置。

3 1号用手撑起发动机舱盖,并将发动机支撑杆插入发动机舱盖支撑孔内。

> ⚠️ **提示**
>
> 将支撑杆插入发动机舱盖支撑孔时,要保证接触可靠,否则,发动机舱盖滑落会造成人身伤害。

4 1号将蓄电池负极端子电缆拆除。

> ⚠️ **提示**
>
> 操作过程中,断开蓄电池负极端子电缆,以免损坏电气设备。

第三步 拆卸散热器上空气导流板

1 2号将卡扣拆卸专用工具传递给1号。

2 1号使用卡扣拆卸专用工具撬起锁扣,并将其取下递给2号。

项目八　前保险杠总成拆装与更换

个,左右各1个。

(2)拧松螺钉时,要使十字螺丝刀与螺钉保持垂直,防止螺钉在拧松时偏斜,损坏螺钉孔。

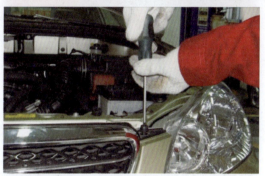

> 提示

(1)散热器上空气导流板锁扣共6个。
(2)将专用工具扣入锁扣并撬起,锁扣撬起时用力要适度,防止损坏卡扣。

3　取下散热器上空气导流板。

第四步　拆卸前保险杠总成

1　1号使用十字螺丝刀拧松前翼子板外接衬板连接螺钉,并将其取下递给2号。

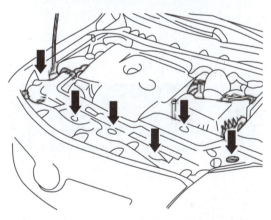

4　2号将十字螺丝刀传递给1号。

5　1号使用十字螺丝刀拧松散热器格栅防护罩连接螺钉,并将其取下递给2号。

> 提示

(1)散热器格栅防护罩连接螺钉共2

> 提示

(1)前翼子板外接衬板连接螺钉共2

85

个，左右各 1 个。

（2）拧松螺钉时，要使十字螺丝刀与螺钉保持垂直，防止螺钉在拧松时偏斜，损坏螺钉孔。

2 2 号将 φ10mm 套筒、接杆、棘轮扳手组合后传递给 1 号。

3 1 号使用 φ10mm 套筒、接杆、棘轮扳手，拧松发动机底盖板 6 个螺栓，并将其取下递给 2 号。

💡 提示

拧松螺栓时，要使套筒与螺栓保持垂直，防止螺栓在拧松时偏斜，损坏螺栓孔。

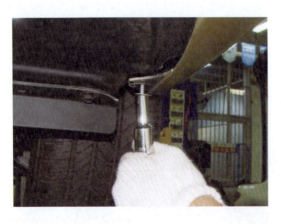

4 1 号和 2 号双手扶住保险杠总成端角，往外侧轻拉，将总成与前保险杠支撑架脱离。

💡 提示

（1）保险杠总成为塑料件，拉动时用力适度，防止损坏保险杠总成。

（2）用力点应是保险杠上端的手，轻轻往外侧拉动。

5 1 号和 2 号配合，将保险杠总成沿车头相反方向移出。

💡 提示

（1）移出时，二人配合要默契，不能一人快一人慢。

（2）雾灯连接线长度有限，不能移出过多，动作用力要适度。

6 1 号和 2 号同时将雾灯插接器插件拔出。

项目八 前保险杠总成拆装与更换

> **提示**
>
> 将保险杠总成反转90°,使雾灯插件朝上。用一只手扶住保险杠总成,另一只手拔出雾灯插接器插件。

7 1号和2号将保险杠总成放于保险杠支撑架上。

> **提示**
>
> 调整好保险杠支撑架宽度,将保险杠总成放上去时,防止卡扣连接处卡于支撑架上。

8 1号拆卸前保险杠减振器。

> **提示**
>
> 减振器为泡沫材料,取下时,防止损坏。

第五步 拆卸散热器格栅

1 1号使用卡扣专用拆卸工具,将散热器格栅3个卡扣撬出。

> **提示**
>
> 卡扣为塑料件,撬动时用力要适度,防止撬断,损坏器件。

2 1号将散热器格栅沿卡扣相反方向移出,移出时保证散热器格栅与保险杠平行,取下散热器格栅。

> **提示**
>
> 散热器格栅为塑料材料,取出过程中,如遇卡滞现象,不能硬拉,防止断裂。

第六步 拆卸雾灯总成

1 1号使用十字螺丝刀拧下雾灯固定螺钉,并将其取下,同时取下雾灯总成。

> **提示**
>
> 拧松螺钉时,要使十字螺丝刀与螺钉保持垂直,防止螺钉在拧松时偏斜,损坏螺钉孔。

2 1号取下雾灯总成。

> **提示**
>
> 松开固定螺钉后,雾灯总成会脱离保险杠护围,拆卸时,用一只手托住雾灯总成。

3 1号和2号将保险杠护围反转放于保险杠支撑架上。

> **提示**
>
> (1)反转保险杠护围放于保险杠支撑架上,防止掉落、划伤,造成漆膜的损伤。
>
> (2)便于对损伤部位的检查和修复。

第七步 安装雾灯总成

1 1号和2号将保险杠护围反转,放于保险杠支撑架上,并安装雾灯总成。

> **提示**
>
> (1)将雾灯总成卡扣,装进保险杠护围雾灯支架内。

项目八　前保险杠总成拆装与更换

(2) 用手托住雾灯,不能使其有移动。

(3) 雾灯有左右之分,注意区分。

2 1号和2号使用十字螺丝刀拧紧雾灯固定螺钉。

🔴 提示

拧紧螺钉时,要使十字螺丝刀与螺钉保持垂直,防止螺钉在拧紧时偏斜,损坏螺钉孔。

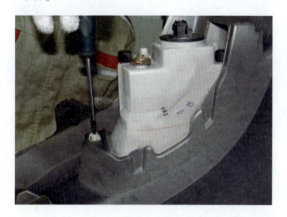

第八步　安装散热器格栅

1 1号将散热器格栅沿保险杠护围方向,对准卡扣位置装入。

🔴 提示

装入记号标志,以卡扣能卡进槽内为准。

2 1号用手掌按住卡扣外侧,用适当的力度往里按进卡扣。

🔴 提示

(1) 散热器格栅为塑料材料,安装时用力要适当,防止损坏。

(2) 卡扣安装到位时,能听到"嗒"的声响。

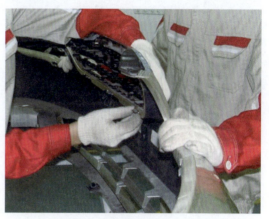

第九步　安装前保险杠总成

1 1号将前保险杠减振器扣于保险杠上。

🔴 提示

保险杠减振器有四个凸起点,将四点位置扣入保险杠定位点时,注意区分上下位置。

减振器为泡沫材料,取入时,防止损坏。

2 1号和2号同时将雾灯插接器插件插入。

> ⚠️ **提示**
>
> （1）将保险杠护围反转90°，使雾灯插件朝上。用一只手扶住保险杠护围，另一只手插入雾灯插接器插件。
>
> （2）安装到位时，能听到"嗒"的声响。

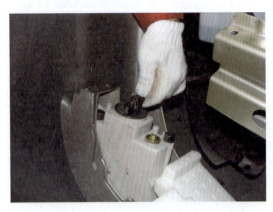

3 1号和2号把保险杠总成从支撑架上抬下，并配合沿车头方向装入。

> ⚠️ **提示**
>
> 装入时，先将散热器格栅扣于散热器支架上，用一只手扶住，然后另一只手握住端部，将上边缘扣入侧支撑部件中。

4 1号和2号双手扶住保险杠总成端角，往内侧轻按，将保险杠总成6个卡爪装入前保险杠支撑架内。

> ⚠️ **提示**
>
> 卡爪装入支撑架时，能听到"嗒"的声响。保险杠总成安装到位后，应与翼子板、前照灯总成保持在同一平面上。

5 2号将蓄电池负极电缆临时连接到蓄电池负极上。

> ⚠️ **提示**
>
> （1）蓄电池通电，主要为检查雾灯总成是否能正常运行。
>
> （2）1号检查完雾灯总成运行情况后，立即将蓄电池负极电缆拆除。

6 1号拉开左前门进入驾驶室，将点火钥匙置于"ON"挡，并打开前照灯和雾灯控

制开关。2号观察雾灯是否点亮。

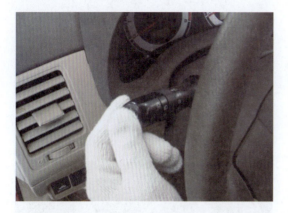

7 1号和2号检查前保险杠总成与前翼子板总成的配合间隙。

💡 提示

安装到位后,前保险杠总成与前翼子板总成的间隙应小于3mm。

8 1号使用 φ10mm 套筒、接杆、棘轮扳手,拧紧发动机底盖板6个螺栓。

💡 提示

拧紧发动机底盖板螺栓时,要使螺栓保持垂直,防止拧紧过程中发生偏斜,损坏螺栓孔。

9 1号使用十字螺丝刀拧紧前翼子板外接衬板连接螺钉(左右各有一个)。

💡 提示

拧紧螺钉时,要使螺钉保持垂直,防止拧紧过程中,发生偏斜,损坏螺钉孔。

第十步　安装散热器上空气导流板

1 1号使用十字螺丝刀拧紧散热器格栅防护罩连接2个螺钉。

💡 提示

拧紧螺钉时,要使螺钉保持垂直,防止拧紧过程中,发生偏斜,损坏螺钉孔。

2 2号把散热器上空气导流板递给1号,将其装入散热器格栅与散热器支架,并固定卡扣。

> 提示
>
> 散热器上空气导流板卡扣共6个。

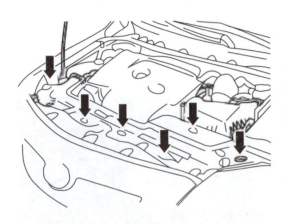

第十一步　整理工位

1号和2号共同清理、整理工具等;清扫地面卫生。

> 提示
>
> 作业项目完成后,要搞好工位的清扫、整理工作,培养良好的工作习惯。

八、考核标准

考核标准表

考核时间	序号	考核项目	满分	评分标准	得分
20min	1	作业前整理工位	6	酌情扣分	
	2	安全防护用品的使用情况	4	操作时不戴手套扣4分	
			4	操作时不穿安全鞋扣4分	
	3	工具使用情况	2	未正确使用一字螺丝刀扣2分	
			2	未正确使用棘轮扳手,套筒,接杆工具拆卸扣2分	
	4	拆卸蓄电池负极电缆	10	操作错误扣10分	
	5	拆卸上空气导流板固定卡扣	6	未正确拆卸上空气导流板固定卡扣1分	
	6	取下上空气导流板	2	未正确取下上空气导流板扣2分	
	7	拆卸散热器格栅	4	未正确拆卸散热器格栅扣2分	
	8	拆卸前保险杠总成固定螺栓	10	未正确拆卸前保险杠总成固定螺栓扣2分	
	9	拆卸雾灯插接器	2	未正确拆卸雾灯插接器扣2分	

项目八　前保险杠总成拆装与更换

续上表

考核时间	序号	考核项目	满分	评分标准	得分
20min	10	取下保险杠总成	4	未正确取下保险杠总成扣4分	
	11	拆卸散热器格栅	6	未正确拆卸散热器格栅扣2分,散热器格栅卡扣断裂不得此项分	
	12	拆卸雾灯总成	2	未正确拆卸雾灯总成扣2分	
	13	安装雾灯总成	4	未正确安装雾灯总成扣2分	
	14	安装散热器格栅	6	未正确安装散热器格栅扣2分,安装时,散热器格栅卡扣断裂不得此项分	
	15	安装雾灯插接器	2	未安装雾灯插接器扣2分	
	16	安装保险杠总成	7	未正确安装保险杠总成扣2分	
	17	检查雾灯总成工作情况	5	未检查雾灯总成工作情况扣5分	
	18	检查保险杠总成与翼子板总成的间隙	5	未检查保险杠总成与翼子板总成间隙扣5分	
	19	安装上空气导流板	2	未正确安装上空气导流板扣2分	
	20	超过规定操作时间	5	每超时1min扣1分,扣完为止	
	21	遵守相关安全规范		因违规操作造成人身和设备事故的,总分按0分计	
		分数合计	100		

知识拓展

虚拟保险杠

　　2012年9月18日通用汽车宣布,包括2013款凯迪拉克ATS在内,旗下三款最新凯迪拉克车型将配备"虚拟保险杠"(Virtual Bumpers)技术,这款先进的安全系统能够在车辆低速条件下自动停车,从而帮助驾驶人避免碰撞。

　　采用"虚拟保险杠"技术后,凯迪拉克新车的前后自动制动系统(Automatic Front and Rear Braking)能够帮助驾驶人在即将发生碰撞时自行制动,成为制动的最后机会。不管是在交通繁忙时还是在停车场上,或者驾驶人在道路上行驶时未能及时发现前方有其他车辆或障碍物,这样车辆仿佛增加了虚拟的大型保险杠,降低了撞车风险。

　　前后自动制动系统乃是最新配设备——驾驶人辅助套件(Driver Assist Package)的一部分,2013款凯迪拉克ATS跑车、XTS豪华车和SRX跨界车可以选用。这套系统依赖于精密先进的传感器和电子设备构成的网络,能够在车辆低速行驶条件下帮助驾驶人避免撞车,并在高速背景下降低碰撞的相对速度,减轻撞车损失。

项目九　前照灯总成拆装与更换

一、项目说明

1.概述

前照灯又称"前大灯",是汽车在夜间或白天雾、雨中行驶时,为照明道路、辨认前方障碍物的照明灯具,它安装在车辆前端的两侧。

一般前照灯的光束有两种,即远光光束和近光光束,配光性能应使其远、近光均具有足够的发光强度,且近光时不会炫目。在没有对开车辆且路面照明条件差的道路行驶时应使用前照灯远光,在照明条件好的道路上或有对开车辆的道路上行驶时应使用前照灯近光。

汽车在夜间行驶时,前照灯的远光灯要求能照亮车前100m距离、高2m范围内的视野,这样才能保证驾驶人发现前方有障碍物时,及时采取制动或绕行措施,让停车距离在视距以内,确保行车安全。

使用前照灯近光时,不但应保证照亮车前40m距离范围内的障碍物,而且不能让迎面对开车辆驾驶人或行人产生炫目,以确保汽车在夜间交会车行驶时的安全。

2.灯泡

汽车的前照灯根据灯泡的不同,一般有白炽灯、卤素灯、氙气灯等类型。随着汽车技术的不断发展,过去那种白炽真空灯已先后被淘汰,现在汽车的前照灯以卤素灯、氙气灯为主。

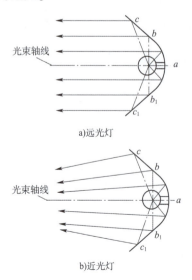

a)远光灯

b)近光灯

a)白炽灯泡

b)卤素灯泡

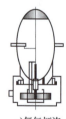

c)氙气灯泡

(1)白炽灯泡。白炽灯泡的灯丝用钨丝制成,玻璃泡内充以约86%的氩气和约14%的氮气的混合惰性气体。为了缩小灯丝的尺寸,常把灯丝制成紧密的螺旋状,螺旋状灯丝有利于聚合平行光束。

(2)卤素灯泡。卤素灯泡是利用卤素再生循环反应的原理制成的,卤素灯泡充入惰性气体的压力较高,在相同功率下,卤素灯的亮度为白炽灯的1.5倍,寿命长2~3倍。

(3)高压放电氙灯。高压放电氙灯(英文称HID)的组件系统由弧光灯组成、电子控制器、升压器三部组成。灯泡发出的光色和荧光灯非常相似,亮度是卤素灯泡的3倍左右,使用寿命是卤素灯泡的5倍。灯泡里没有灯丝,取而代之的是装在石英管内的两个电极,管内充有氙气及微量元素(或金属卤化物)。在电极加上数万伏的引弧电压后,气体开始电离而导电,气体原子即处于激发状态,使电子发生能级跃迁而开始发光,电极间蒸发少量汞蒸气,光源立即引起汞蒸气弧光放电,待温度上升后再转入卤化物弧光灯工作。

3. 分类

汽车前照灯按其结构形式不同可以分为:全封闭式前照灯、半封闭式前照灯两种类型。

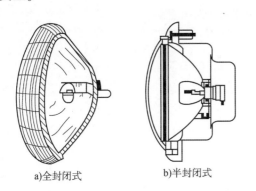

a)全封闭式　　b)半封闭式

封闭式前照灯又称真空灯,反射镜和配光镜制成一体,形成一个整体,内部充以惰性气体,灯丝焊接在反射镜底座上。

半封闭式前照灯的配光镜和反射镜靠卷曲在反射镜边缘上的牙扣紧固在一起,用橡胶圈密封,再用螺钉固定,灯泡从反射镜的后面装入,更换损坏的灯泡时不必拆开配光镜。目前,半封闭式前照灯在汽车上的使用还比较常见。

其他的分类方式还有按前照灯在汽车上的安装方式又可分为:外装式前照灯、内装式前照灯和可藏式前照灯。按其形状则可分为:圆形前照灯、方形前照灯、长方形前照灯及异形前照灯。若按汽车装备前照灯的数量又可分为:两灯制前照灯系统、四灯制前照灯系统以及带有辅助前照灯的前照灯系统等。

4. 作用

为了保证汽车在夜间或白天能见度较低时的行驶安全,需要在汽车有关部位安装多种照明及信号装置。这些装置的具体功用是:第一,在夜间或能见度较低的情况下,用灯光给行驶车辆照明道路;第二,夜间行车时,为车厢、驾驶室及仪表照明;第三,用发出的标志和信号达到联络、警示的目的,以保证行车安全。

5. 结构

汽车前照灯在结构上大体由反光镜、配光镜、光源和灯光调整机构四大部分组成,而组成核心是前照灯单元的反光镜和配光镜。

近年来世界各国生产的轿车多采用组合式前照灯,它往往根据汽车造型的美学观点将其外形设计成与整车造型相协调,并可使整车风阻系数减小,这种前照灯又称异形前照灯。它除了在功能上具有普通前照灯的近光和远光功能以外,还带有驻车灯、转向灯等功能。

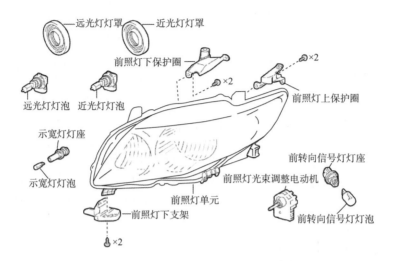

二、技术标准与要求

(1) 参训学员必须穿戴相应的劳保用品,以免发生意外事故。

(2) 拆卸前照灯时要拆卸前保险杠,拆装时尽量避免划伤保险杠面漆。

(3) 拆装过程中,要特别注意掌握合适的力度,禁止野蛮操作。

(4) 前照灯的灯泡镜面为玻璃制品,如更换灯泡,禁止用手触摸。

三、实训时间

理论课时为 2 课时,实操课时为 8 课时。

四、实训教学目标

1. 知识目标

(1) 了解前照灯总成的组成及作用。

(2) 了解前照灯灯泡的类型及特点。

(3) 了解前照灯的分类及结构形式。

2. 技能目标

(1) 掌握前照灯总成拆装的方法和工艺过程。

(2) 会运用所学知识对不同类型的前照灯总成进行正确的拆装。

五、实训器材

棘轮扳手、接杆、$\phi 10mm$ 套筒、卡扣专用拆卸工具、"TORX"梅花套筒扳手(T30)、一字螺丝刀(中、小号)、十字螺丝刀(中号)、两用 $\phi 10mm$ 扳手、两用 $\phi 8mm$ 扳手。

六、教学组织

1. 教学组织形式

每工位安排 4 名学生参与实训,2 名学生为一组,单人操作,另 1 名学生辅助。一组操作,一组观察学习。

2. 学生站位分工和要求

2 名学生一组,按照 1 号、2 号进行编号,1 号为主,2 号为辅助。

3. 实训教师职责

讲解操作步骤和注意事项;下达"操作开始"口令;工位间巡视、检查、指导和纠正错误。

4. 学生职责变换

2 名学生实行职责变换制度,即第一遍 1 号为主,2 号辅助;第二遍 2 号为主,1 号辅助。

七、操作步骤

第一步 事前准备

1 参训学生将工位卫生清理干净,排除障碍物,准备好相关的工具、物品等。

提示

培养良好的工作习惯,做好事前准备,有利于安全操作和提高工作效率。

2 1号打开汽车左前门,拉紧驻车制动器操纵杆,并将变速器置于空挡位。

提示

为保证车辆在工位上的可靠停驻,防止出现溜滑,造成安全事故。因此,要拉紧驻车制动器操纵杆并将变速器置于空挡位。

3 2号打开汽车左前门,拉起发动机舱盖锁控制杆分总成。

提示

发动机舱盖锁控制杆为塑料件,拉起时用力要适度,防止将拉锁拉断,造成器件损坏。

4 1号学生用一只手微微拉起发动机舱盖,另一只手伸进发动机舱盖缝隙中,用手顶起发动机舱盖锁总成活动扣。

提示

发动机舱盖锁总成为二级锁止机构,一级锁钩由拉索控制,二级锁钩为机械装置。

5 1号用手撑起发动机舱盖,并将发动机支撑杆插入发动机舱盖支撑孔内。

> ⚠ 提示
>
> 将支撑杆插入发动机舱盖支撑孔时,要保证接触可靠,否则,发动机舱盖滑落会造成人身伤害。

6 1号将蓄电池负极端子电缆拆除。

> ⚠ 提示
>
> 操作过程中,断开蓄电池负极端子电缆,以免损坏电气设备。

第二步　散热器上空气导流板拆卸

(参照前保险杠拆装)

第三步　前保险杠总成拆卸

(参照前保险杠拆装)

第四步　前照灯总成拆卸

1 2号将 $\phi 10mm$ 套筒、接杆、棘轮扳手组合后传递给1号。

2 1号使用 $\phi 10mm$ 套筒、接杆、棘轮扳手,拧松3个前照灯总成固定螺栓,并取下,递给2号。

项目九　前照灯总成拆装与更换

> 提示
>
> （1）拧松螺栓时，要使套筒与螺栓保持垂直，防止螺栓在拧松时偏斜，损坏螺栓孔。
>
> （2）螺栓固定位置如图所示，侧面1个，散热器支架上有2个。

3 1号双手托住前照灯总成，往车头相反方向微微拉出前照灯总成。

> 提示
>
> 先用一只手轻轻扳开定位扣，然后再拿出前照灯总成。前照灯总成为塑料件，不能硬拉，拆装过程中要小心操作，防止损坏前照灯总成。

4 1号断开前照灯插接器，并取下前照灯总成，递给2号。

> 提示
>
> （1）一只手将前照灯总成扶住，另一只手把插接器插件一一拔出。
>
> （2）插接器插件有卡扣卡入，拔出时，要看准位置，按下锁止扣后，才能拔动。不能硬拔，防止损坏插接器。

第五步　前照灯总成安装

1 1号用一只手扶住前照灯总成，并将前照灯总成插接器插入相应端口。

> 提示
>
> （1）插接器插件只能插入相应端口内，不能插错。
>
> （2）插接器安装到位时，能听到卡扣"嗒"的响声。

2 1号将前照灯总成定位扣，扣入定位槽。

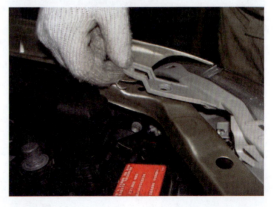

> 提示
>
> （1）装定位扣时，首先要将前照灯总成

缓慢地推入前照灯安装位置,然后再将定位扣装入槽内。

(2)定位扣为塑料件,不能用力去扳,防止损坏前照灯总成。

3 1号使用φ10mm套筒、接杆、棘轮扳手,拧紧3个前照灯总成固定螺栓。

💡 提示

(1)拧紧螺栓时,要使套筒与螺栓保持垂直,防止螺栓在拧紧时偏斜,损坏螺栓孔。

(2)将螺栓分次拧紧后,前照灯总成要求不能有松动现象,安装力矩为5.4N·m。

4 1号将蓄电池负极电缆临时连接到蓄电池负极上。

⚠️ 提示

(1)蓄电池通电,主要为检查前照灯总成是否能正常运行。

(2)1号检查完前照灯总成运行情况后,立即将蓄电池负极电缆拆除。

5 2号拉开左前门,将点火开关置于"ON"挡,并打开前照灯开关,操控远近光灯、转向灯控制开关。1号站于车辆前方,观察前照灯是否工作正常。

💡 提示

如果有任何一盏前照灯或转向灯不亮,需由电工检查,待故障排除后再安装。

第六步　前保险杠总成安装

(参照前保险杠安装)

第七步　散热器上空气导流板安装

(参照前保险杠安装)

第八步　整理工位

1号、2号共同清理、整理工具等;清扫地面卫生。

> **提示**
>
> 作业项目完成后,要搞好工位的清扫、整理工作,培养良好的工作习惯。

八、考核标准

考 核 标 准 表

考核时间	序号	考核项目	满分	评分标准	得分
10min	1	作业前整理工位	6	酌情扣分	
	2	安全防护用品的使用情况	4	操作时不戴手套扣4分	
			4	操作时不穿安全鞋扣4分	
	3	工具使用情况	2	未正确使用棘轮扳手,套筒,接杆工具拆卸扣2分	
	4	拆卸蓄电池负极电缆	20	操作错误扣20分	
	5	拆卸前照灯总成固定螺栓	12	未正确拆卸前照灯总成固定螺栓扣4分	
	6	拆卸前照灯总成	6	未正确拆卸前照灯总成扣2分	
	7	拆卸前照灯总成插接器	4	未正确拆卸前照灯总成插接器扣2分	
	8	安装前照灯总成插接器	4	未正确安装前照灯总成插接器扣2分	
	9	安装定位扣	6	未正确安装定位扣扣4分	
	10	安装前照灯总成固定螺栓	12	未正确安装前照灯总成固定螺栓扣4分	
	11	检查前照灯总成工作情况	15	未检查前照灯总成工作情况扣15分	
	12	超过规定操作时间	5	每超时1min扣1分,扣完为止	
	13	遵守相关安全规范		因违规操作造成人身和设备事故的,总分按0分计	
		分数合计	100		

 **知识拓展**

前照灯调整

调整前,使用前照灯测试仪调整前照灯,将轮胎气压正常的空车,停放在平坦的场地上,在驾驶室内乘坐一名驾驶人或将60kg的重物放在驾驶人位置上,使车前部对准前照灯测试仪,按测试结果进行调整。

调整时,使车前部对幕墙保持一定的距离(正面相对10m)。接通灯光开关,调整其光束,以一只灯为单位调整,首先遮蔽其他前照灯,然后拧动上下左右光束调整螺钉,使主光束(光度最高点)处于规定高度,前照灯上下左右调整时,必须拧入调整。若需拧松调节时,应完全拧松后再拧入调整。

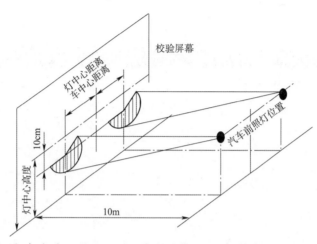

前照灯亮度、光束角度如果不正确,将影响夜间行车安全。因此,前照灯灯泡烧毁、污损、照射角度不正常,都是很危险的现象,必须在维护中及时修复调整。

项目十 发动机舱盖的拆装与更换

一、项目说明

1. 概述

发动机舱盖简称发动机盖,由多个冷冲压成型的薄板金属件组成,呈骨架形式,结构上一般由覆盖件(外板)和结构件(内板)组成,中间夹以隔热材料,内板起到增强刚性的作用。

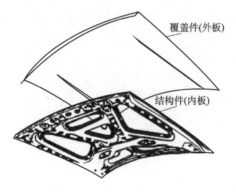

发动机舱盖从外观上,可看到部分外板,在有些车型的外板上会安装风窗玻璃洗涤喷嘴和部分装饰件。打开发动机舱盖后,内部可见的部分称为内板,在内板上一般会布置很多部件的安装结构,包括铰链、撑杆、密封条、锁扣及隔声垫等。在外板与内板之间还会有一些加强板,内板和加强板共同对外板起到支撑和增强刚性的作用。在连接方式上,内板与加强板采用点焊或粘接的形式组合在一起,然后再整体与外板通过包边连接成为发动机舱盖总成。

通常,发动机舱盖在打开时是向后翻转的,翻转时,与周边部件不可发生干涉。发动机舱盖应可以打开至某一位置并在此固定,以满足车辆维修的需要。打开至最大开启角度时,与前风窗玻璃至少保留10mm的最小间距。

为防止车辆在行驶过程中由于振动而使发动机舱盖开启,严重时有可能遮挡驾驶人的前方视野,这就要求在发动机舱盖前端安装锁止装置。

2. 作用

发动机舱盖除了具有装饰性作用,还起到阻隔发动机舱内外部件的作用,即一方面可阻止外界因素进入发动机舱产生侵蚀;另一方面可阻止发动机舱内污浊、湿热空气的外泄,同时还具备一定的隔声和隔热功能。另外,其发生碰撞时,对头部保护方面也起到很大的作用。

发动机舱盖不仅要有合适的强度,还要具备一定抗扭转和弯曲的能力。另外也要经受一定条件下的高温、低温和腐蚀等环境对其的考验。在满足上述要求的情况下,自身质量要尽量小,一方面有益于提高燃油经济性,另外也可以减小打开发动机舱盖的操作力,便于操作。

3. 结构

发动机舱盖总成一般由外板、内板、隔垫、铰链、撑杆、密封条、锁钩等组成。为了风窗玻璃保持清洁,大部分轿车的喷水器分总成和软管总成多安装于发动机舱盖内板侧。

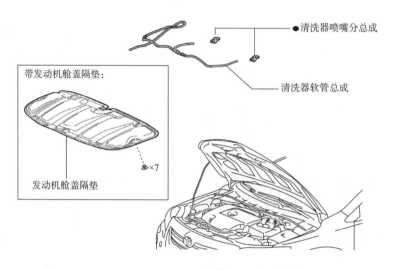

前翼子板的高度应对齐,如高度不一致可通过转动橡胶垫升高或降低,调整发动机舱盖高度。

二、技术标准与要求

(1)发动机舱盖不能有变形、腐蚀、锈蚀等现象,且漆面要保证完好,不能有漆膜缺陷。

(2)定心螺栓用来安装发动机舱盖铰链和发动机舱盖锁,安装好的铰链和盖锁不能有变形。在定心螺栓装好的情况下,不能调整发动机舱盖和发动机舱盖锁。进行调整时,可用标准螺栓(带垫圈)替换定心螺栓。

(3)发动机舱盖与前翼子板之间的标准间隙为2.3~5.3mm,安装到位后应在标准间隙范围内。

(4)调整标准间隙到位后,固定螺栓的拧紧力矩为13N·m。

(5)发动机舱盖关闭后,发动机舱盖和

三、实训时间

理论课时为2课时,实操课时为8课时。

四、实训教学目标

1. 知识目标

(1)了解发动机舱盖、行李舱盖总成的组成及结构特点。

(2)熟悉发动机舱盖、行李舱盖在车身中的作用。

项目十　发动机舱盖的拆装与更换

2．技能目标

（1）掌握行发动机舱盖的拆装与更换操作技能。

（2）运用所学相关知识，对发动机舱盖和行李舱盖进行调整。

五、实训器材

棘轮扳手、接杆、φ14mm 套筒、卡扣专用拆卸工具、"TORX"梅花套筒扳手（T30）、一字螺丝刀（中、小号）、十字螺丝刀（中号）、两用 φ10mm 扳手、两用 φ8mm 扳手。

六、教学组织

1．教学组织形式

每工位安排 4 名学生参与实训，2 名学生为一组，单人操作，另 1 名学生辅助。一组操作，一组观察学习。

2．学生站位分工和要求

2 名学生一组，按照 1 号、2 号进行编号，1 号为主，2 号为辅助。

3．实训教师职责

讲解操作步骤和注意事项；下达"操作开始"口令；工位间巡视、检查、指导和纠正错误。

4．学生职责变换

2 名学生实行职责变换制度，即第一遍 1 号为主，2 号辅助；第二遍 2 号为主，1 号辅助。

七、操作步骤

第一步　事前准备

1 参训学生将工位卫生清理干净，排除障碍物，准备好相关的工具、物品等。

> **提示**
>
> 培养良好的工作习惯，做好事前准备，有利于安全操作和提高工作效率。

2 1 号打开汽车左前门，拉紧驻车制动器操纵杆，并将变速器置于空挡位。

> **提示**
>
> 为保证车辆在工位上的可靠停驻，防止出现溜滑，造成安全事故。因此，要拉紧驻车制动器操纵杆并将变速器置于空挡位。

第二步　打开发动机舱盖

1 2号打开汽车左前门,拉起发动机舱盖锁控制杆分总成。

> 💡 **提示**
>
> 发动机舱盖锁控制杆为塑料件,拉起时用力要适度,防止将拉索拉断,造成器件损坏。

2 1号学生用一只手微微拉起发动机舱盖,另一只手伸进发动机舱盖缝隙中,用手顶起发动机舱盖锁总成活动扣。

> 💡 **提示**
>
> 发动机舱盖锁总成为二级锁止机构,一级锁钩由拉索控制,二级锁钩为机械装置。

3 1号用手撑起发动机舱盖,并将发动机支撑杆插入发动机舱盖支撑孔内。

> 💡 **提示**
>
> 将支撑杆插入发动机舱盖支撑孔时,要保证接触可靠,否则,发动机舱盖滑落会造成人身伤害。

第三步　拆卸发动机舱盖隔垫

1 2号将卡扣拆卸专用工具传递给1号。

2 1号使用卡扣拆卸专用工具拆卸发动机舱盖隔垫7个卡扣。

> 💡 **提示**
>
> (1)将卡扣专用拆卸工具卡入卡扣,并用力将其撬出。
>
> (2)卡扣为塑料件,撬动时,不能硬撬,防止损坏卡扣。

项目十 发动机舱盖的拆装与更换

（2）三通阀有倒扣锁止装置，材料为塑料，拔下时，防止损坏三通连接阀。

2 1号将喷水器软管总成从发动机舱盖结构件中抽出。

提示

喷水器软管总成为橡胶材料，抽出时注意用力适度，防止损坏软管。

3 1号双手握住隔垫，并取下。

提示

（1）取下隔垫时，沿发动机舱盖水平方向取出。

（2）隔垫采用复合材料制作，不能折弯，防止损坏隔垫。

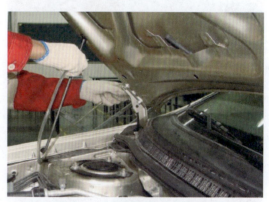

3 2号将小号一字螺丝刀递给1号。

第四步 拆卸喷水器软管及喷水器分总成

1 1号将喷水器软管和三通连接阀分离。

提示

（1）喷水器软管为橡胶材料，拔下时注意用力适度（最好用热水烫一下），防止软管破损。

107

4 1号使用一字螺丝刀拆卸喷水器分总成。

提示

（1）使用一字螺丝刀脱开2个卡扣，并拆下喷水器分总成。

（2）使用螺丝刀拆卸卡扣，最好在头部缠上胶带。

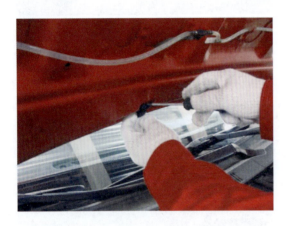

第五步　拆卸发动机舱盖分总成

1 2号将φ14mm套筒、接杆、棘轮扳手组合后传递给1号。

2 1号使用φ14mm套筒、接杆、棘轮扳手，拧松发动机舱盖铰链螺栓。

提示

1号拆卸发动机舱盖铰链螺栓时，2号用手扶住发动机舱盖，防止拆卸螺栓过程中，发动机舱盖掉落，损坏风窗玻璃。

3 1号和2号配合将发动机舱盖移出。

提示

移出发动机舱盖时，用一只手扶住发动机舱盖铰链端，将发动机舱盖放平、移出。

第六步　安装发动机舱盖分总成

1 1号和2号配合将发动机舱盖抬到安装位置，一只手扶住发动机舱盖分总成端角，用手带上螺栓。

提示

（1）安装过程中，1号安装时，2号用手扶住，交替拧紧铰链螺栓。

（2）拧紧铰链螺栓时，用肩膀顶住发动机舱盖分总成，防止滑落。

2 2号将φ14mm套筒、接杆、棘轮扳

手组合后传递给1号。

3 1号使用φ14mm套筒、接杆、棘轮扳手,预紧发动机舱盖铰链螺栓。

> 提示
>
> 发动机舱盖铰链螺栓预紧后,不需拧紧,方便间隙的调整。

4 1号将发动机总成关闭,并检查发动机舱盖分总成与翼子板之间的宽度间隙。

> 提示
>
> (1)将发动机舱盖分总成螺栓预紧后,检查一下发动机舱盖分总成与翼子板之间的间隙是否在2.3~5.3mm。
>
> (2)发动机舱盖分总成与翼子板两边的间隙应保持一致。

5 1号移动发动机舱盖分总成,调整发动机舱盖分总成与翼子板之间的间隙。

> 提示
>
> 如果间隙没有在标准范围内,应对其进行调整。

6 1号使用φ14mm套筒、接杆、棘轮扳手,拧紧发动机舱盖铰链螺栓。

> 提示
>
> 间隙符合标准后,用扭力扳手将螺栓拧

紧,拧紧力矩为13N·m。

2 1号将喷水器软管从发动机舱盖分总成结构件孔中穿入。

7 1号将发动机舱盖分总成关闭,并检查发动机舱盖总成与翼子板之间的高度间隙。

> **提示**
>
> 发动机舱盖分总成与翼子板之间的高度应一致,如不一致,可转动橡胶垫,调节发动机舱盖前端高度。

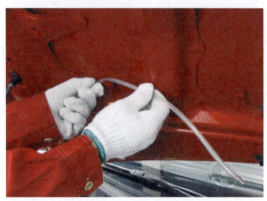

3 1号将喷水器软管与三通阀接合。

> **提示**
>
> 喷水器软管为橡胶材料,装入时注意用力适度(最好用热水烫一下),防止软管破损。

第七步 安装喷水器软管及喷水器分总成

1 1号安装喷水器分总成。

> **提示**
>
> 喷水器分总成为塑料材料,安装时注意方向,防止损坏。

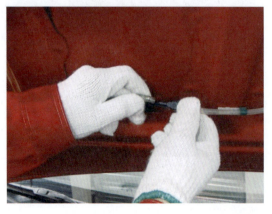

项目十　发动机舱盖的拆装与更换

4 1号将发动机舱盖分总成放下,2号拉开左前门,打开点火钥匙二挡,开起喷水器开关,检查喷水器工作情况。

> ⚠ 提示
>
> 刮水器开关为复合式组合开关,要使喷水器工作,将刮水器开关向上抬起即可。

5 1号在打开喷水器开关的同时,观察风窗玻璃,检查喷水器是否有清洗液喷在风窗玻璃面上。

> ⚠ 提示
>
> 检查清洗液在风窗玻璃上的喷射位置,应在72～340mm范围内。如不在规定范围内,需对喷水器进行调整,调整后仍达不到规定范围的,进行更换。

第八步　安装发动机舱盖隔垫

1 1号将发动机舱盖隔垫装入发动机舱盖分总成内侧。

> ⚠ 提示
>
> (1) 发动机舱盖隔垫装入时,要将喷水器软管卡于隔垫内,防止因喷水器软管外露而损坏。
>
> (2) 隔垫装入时,要将隔垫扣入发动机舱盖固定槽内。

2 1号将隔垫7个固定卡扣卡入相应位置。

> ⚠ 提示
>
> (1) 安装卡扣时,用一只手扶住发动机舱盖分总成上部,防止按下时,发动机舱盖往后倾斜。
>
> (2) 卡扣为塑料材料,卡入时注意用力适度,防止损坏卡扣。

第九步 整理工位

1号、2号共同清理、整理工具等;清扫地面卫生。

> **提示**
>
> 作业项目完成后,要搞好工位的清扫、整理工作,培养良好的工作习惯。

八、考核标准

考核标准表

考核时间	序号	考核项目	满分	评分标准	得分
20min	1	作业前整理工位	6	酌情扣分	
	2	安全防护用品的使用情况	2	操作时不戴手套扣2分	
			2	操作时不穿安全鞋扣2分	
	3	工具使用情况	2	未正确使用一字螺丝刀扣2分	
			2	未正确使用卡扣拆卸专用工具扣2分	
			2	未正确使用棘轮扳手,套筒,接杆工具拆卸扣2分	
	4	拆卸发动机舱盖隔垫	7	未正确拆卸发动机舱盖隔垫扣1分	
	5	取下发动机舱盖隔垫	2	未正确取下发动机舱盖隔垫扣2分	
	6	拆卸喷水器软管	4	未正确拆卸喷水器软管扣2分,操作中,喷水器软管破损不得此项分	
	7	拆卸喷水器分总成	6	未正确拆卸喷水器分总成扣3分	
	8	拆卸发动机舱盖铰链螺栓	4	未正确拆卸发动机舱盖铰链螺栓扣4分	
	9	取下发动机舱盖总成	4	未正确取下发动机舱盖总成扣4分	
	10	安装发动机舱盖总成	4	未正确安装发动机舱盖总成扣2分,安装过程中,漆膜损伤不得此项目分	
	11	安装发动机舱盖铰链螺栓	8	未正确安装发动机舱盖铰链螺栓扣2分	

续上表

考核时间	序号	考核项目	满分	评分标准	得分
20min	12	检查发动机舱盖总成与前翼子板之间的间隙	10	未检查间隙值扣5分；间隙不符合标准，未调整不得分	
	13	检查发动机舱盖总成与前翼子板高度是否一致	10	未检查高度间隙扣5分；高度不符合标准，未调整不得分	
	14	安装喷水器分总成	4	未正确安装喷水器分总成扣2分	
	15	安装喷水器软管	4	未正确安装喷水器软管扣2分	
	16	检查喷水器工作情况	10	未检查喷水器工作情况扣10分	
	17	安装发动机舱盖隔垫	2	未正确安装发动机舱盖隔垫扣2分	
	18	超过规定操作时间	5	每超时1min扣1分，扣完为止	
	19	遵守相关安全规范		因违规操作造成人身和设备事故的，总分按0分计	
		分数合计	100		

知识拓展

上弹式发动机舱盖系统

本田公开了2008年9月局部改进的高级轿车"里程"采用的"上弹发动机舱盖系统"。在传感器检测到与行人发生正面冲撞后，制动器就会将发动机舱盖上掀约10cm，以减轻发动机舱盖对人头部撞击的冲击力。

上弹发动机舱盖系统利用配备在前保险杠上的3个加速度传感器（前后方向的单轴）检测是否与行人发生了冲撞。检测时间仅为约0.01s，因此在撞到行人后0.03s左右的时间内便可将发动机舱盖掀起约10cm。在发动机舱盖撞到行人头部之前，发动机舱盖即掀起确保与发动机舱之间的空隙，从而减轻对行人头部的冲击。

制动器在收到加速度传感器的信息后，就会点燃制动器内部的火药，顶起活塞。活塞碰撞使铰链变形，从而使发动机舱盖保持上掀状态。

项目十一　前翼子板总成拆装与更换

一、项目说明

1. 概述

翼子板是遮盖车轮的车身外板,因旧式车身该部件形状及位置似鸟翼而得名。按照安装位置不同又分为前翼子板和后翼子板。

前翼子板安装在前轮处,因此必须要保证前轮转动及跳动时的最大极限空间,因此设计者会根据选定的轮胎型号尺寸用"车轮跳动图"来验证翼子板的设计尺寸。后翼子板无车轮转动碰擦的问题,但出于空气动力学的考虑,后翼子板略显拱形弧线向外凸出。

现在有些轿车翼子板已与汽车车身制成一体。但大多数轿车的翼子板是独立的,尤其是前翼子板,因为前翼子板碰撞机会比较多,独立装配容易整件更换。有些车的前翼子板用有一定弹性的塑性材料(例如塑料)制成,塑性材料具有缓冲性,安全性能高。

2. 作用

翼子板的作用是:在汽车行驶过程中,防止被车轮卷起的砂石、泥浆溅到车厢的底部。因此,要求所使用材料具有耐气候老化和良好的成型加工性。材料一般使用高强度镀锌钢板,也属于低碳钢,厚度在0.75mm左右。前翼子板多用螺栓连接方式固定在车身上,后翼子板与车身做成一个整体。

3. 结构

前翼子板由外板覆盖件和内板加强件组成,内板加强件采用树脂或电阻点焊等形式将其连接成一体,前翼子板外板覆盖件采用螺栓连接方式固定。

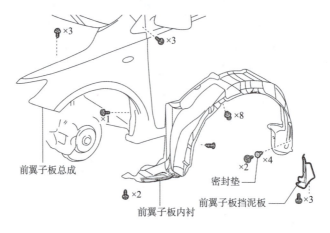

二、技术标准与要求

(1) 翼子板总成不能有变形、锈蚀、断裂等现象,且外漆面要保证完好,无漆膜缺陷。

(2) 前翼子板与发动机舱盖之间的标准间隙为 2.3~5.3mm,安装到位后应在标准间隙范围内。

(3) 前翼子板与前门之间的标准间隙为 2.8~5.8mm,安装到位后应在标准间隙范围内。

(4) 调整标准间隙到位后,固定螺栓的拧紧力矩为 7.5N·m。

(5) 发动机舱盖关闭后,发动机舱盖和翼子板的高度应对齐,如高度不一致可通过转动橡胶垫升高或降低发动机舱盖前端来进行调整。

三、实训时间

理论课时为 2 课时,实操课时为 8 课时。

四、实训教学目标

1. 知识目标

(1) 了解翼子板总成的组成及结构特点。

(2) 熟悉翼子板总成在车身上的设计特点和作用。

2. 技能目标

(1) 掌握翼子板总成的拆装与更换操作技能。

(2) 掌握拆装翼子板过程中,各附件的拆装工艺。

五、实训器材

棘轮扳手、接杆、ϕ10mm 套筒、卡扣专用拆卸工具、"TORX"梅花套筒扳手(T30)、一字螺丝刀(中、小号)、十字螺丝刀(中号)、两用 ϕ10mm 扳手、两用 ϕ8mm 扳手。

六、教学组织

1. 教学组织形式

每工位安排 4 名学生参与实训,2 名学生为一组,单人操作,另 1 名学生辅助。一组操作,一组观察学习。

2. 学生站位分工和要求

2 名学生一组,按照 1 号、2 号进行编号,1 号为主,2 号为辅助。

3. 实训教师职责

讲解操作步骤和注意事项;下达"操作开始"口令;工位间巡视、检查、指导和纠正错误。

4. 学生职责变换

2 名学生实行职责变换制度,即第一遍 1 号为主,2 号辅助;第二遍 2 号为主,1 号辅助。

七、操作步骤

第一步 事前准备

1 参训学生将工位卫生清理干净,排

除障碍物，准备好相关的工具、物品等。

> ⚠️ 提示
>
> 培养良好的工作习惯，做好事前准备，有利于安全操作和提高工作效率。

2 1号打开汽车左前门，拉紧驻车制动器操纵杆，并将变速器置于空挡位。

> ⚠️ 提示
>
> 为保证车辆在工位上可靠停驻，防止溜滑而造成安全事故，因此，要拉紧驻车制动器操纵杆并将变速器置于空挡位。

3 1号将蓄电池负极端子电缆拆除。

> ⚠️ 提示
>
> 操作过程中，断开蓄电池负极端子电缆，以免损坏电气设备。

第二步　拆卸前保险杠总成

（参照保险杠总成拆装）

第三步　拆卸前照灯总成

（参照前照灯总成拆装）

第四步　拆卸前车轮

1 2号将 $\phi21mm$ 套筒、接杆、扭力扳手组合后递给1号。

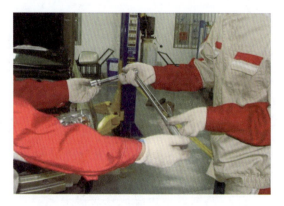

2 1号使用 $\phi21mm$ 套筒、接杆、扭力扳手将轮胎4个固定螺栓拧松。

> ⚠️ 提示
>
> （1）拧松轮胎固定螺栓时，汽车不能在顶起位置，否则在拆卸过程中，轮胎要

打滑。

（2）轮胎拧松后,将汽车顶起,使车轮高出地面10cm。

3 1号单脚跪地,双手扶住轮胎外胎侧,将轮胎取下。

提示

（1）学员将轮胎固定螺栓用手拧下,并递给2号,然后将轮胎取下。

（2）在搬运轮胎过程中,双手必须放在轮胎的外胎侧,不能将手放到里面轮辋处。更不能将轮胎放在地上滚动。

第五步　拆卸前翼子板内衬
（带前翼子板挡泥板总成）

1 1号使用φ10mm棘轮扳手将前轮挡泥板总成2个固定螺栓拧松,并取下递给2号。

提示

拆卸挡泥板总成时,要用手扶住挡泥板,防止螺栓拧松后,掉落地面。

2 2号将卡扣拆卸专用工具递给1号。

3 1号使用卡扣拆卸专用工具和φ10mm棘轮扳手将前翼子板8个内衬卡扣和6个螺栓取出,并递给2号。

⚠ 提示

卡扣为塑料材料,撬出时用力要适度,防止损坏。

4 1号使用卡扣拆卸专用工具将4个密封垫拆下。

⚠ 提示

密封垫装合过紧,拆卸时容易破裂,安装时,必须更换新件。

5 1号用手握住翼子板内衬前端,沿边拉动内衬,使翼子板内衬与翼子板分离,并取下前翼子板内衬。

⚠ 提示

翼子板内衬为塑料材料,在取下过程中,用力要适度,防止损坏。

6 1号将翼子板内衬加强板1个固定卡扣取出,并取下翼子板内衬加强板。

⚠ 提示

固定卡扣为橡胶材料,撬出时用力要适度,防止损坏。

翼子板内衬加强板为塑料材料,取出时,用力要适度,防止损坏。

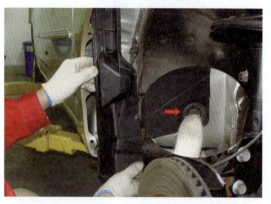

第六步 拆卸前刮水器总成

1 2号将卡扣专用拆卸工具递给1号。

2 1号使用一字螺丝刀或卡扣专用拆卸工具将前刮水器臂2个端盖撬出,并取下递给2号。

项目十一 前翼子板总成拆装与更换

> **提示**
> 端盖为塑料材料,撬出时用力要适度,防止损坏。

3 2号将 φ10mm 套筒、接杆、棘轮扳手组合后递给1号。

4 1号使用 φ10mm 套筒、接杆、棘轮扳手将2个刮水器臂固定螺栓拧松。

> **提示**
> 拧松螺栓时,要使套筒与螺栓保持垂直,防止螺栓在拧松时偏斜,损坏螺栓。

5 1号将刮水器臂总成折起,双手握住刮水器臂轻轻左右摇动,将刮水器臂与连杆总成分离。

> **提示**
> 刮水器臂总成与连杆总成为锥形过盈配合,轻轻摇动时,要往上提。

第七步 拆卸前围板上通风栅板

1 1号使用卡扣专用拆卸工具将发动机舱盖至前围上密封条的卡扣撬出,并取下密封条。

> **提示**
> 卡扣为塑料材料,撬动时用力要适度,防止损坏卡扣。
> 密封条为橡胶材料,不能硬拉,防止损坏。

2 1号将上通风栅板往下拉,使上通风栅板上的14个卡扣与风窗玻璃脱离,并取

下上通风栅板。

> **提示**
>
> 上通风栅板为塑料材料，拉动时用力要适度，防止扣坏。

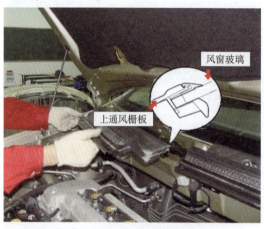

第八步 拆卸侧转向灯及反光镜装饰罩

1 1号使用卡扣专用拆卸工具将前柱上盖分总成撬出，并取下递给2号。

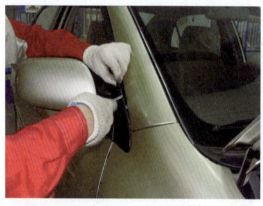

> **提示**
>
> 前柱上盖分总成为塑料材料，撬动时用力要适度，防止损坏。
>
> 撬上盖时，要在车身A柱垫一块软质的垫子，防止在撬动过程中，损坏车身涂装表面。

2 1号使用一字螺丝刀或卡扣专用拆卸工具，将侧转向灯从翼子板孔中撬出；如翼子板内衬在拆除的状态下，可用手将侧转向灯顶出。

> **提示**
>
> 学员将一只手伸进翼子板内侧，用手顶出侧转向灯，另一只手拿住侧转向灯，将连接线束一起拉出翼子板孔。

3 1号将侧转向灯插接器拔出，取下侧转向灯，并递给2号。

> **提示**
>
> 插接器有卡扣装置，拆卸时要将卡扣解锁，拔出插接器。

第九步 拆卸翼子板总成

1 2号将 $\phi 10mm$ 套筒、接杆、棘轮扳手组合后递给1号。

项目十一　前翼子板总成拆装与更换

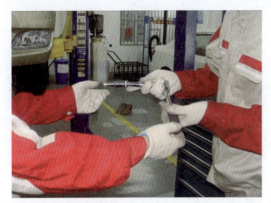

2 1号使用 φ10mm 套筒、接杆、棘轮扳手拧松翼子板7个固定螺栓。

> **提示**
>
> （1）拧松螺栓时,要使套筒与螺栓保持垂直,防止螺栓在拧松时偏斜,损坏螺栓。
> （2）翼子板螺栓连接位拆卸时,要先将7个螺栓全部拧松,禁止一次拧下,防止板件因应力造成变形。

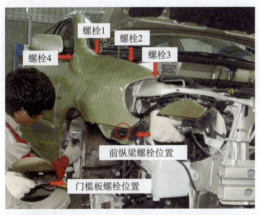

3 1号双手扶住翼子板总成两端,将总成从车身上取下。

第十步　安装翼子板总成

1 1号双手扶住翼子板总成两端,将总成扣于车身上。

> **提示**
>
> 双手扶住翼子板往外拉出时,禁止硬拉,防止翼子板变形。

2 1号用手将翼子板固定螺栓拧入相应安装孔内。

> **提示**
>
> 先用手拧入固定螺栓,是为了防止螺栓在用工具拧紧前产生打滑,损坏螺纹。

3 2号将 φ10mm 套筒、接杆、棘轮扳手组合后递给1号。

4 1号使用 φ10mm 套筒、接杆、棘轮扳手拧紧翼子板7个固定螺栓。

> **提示**
>
> （1）将翼子板7个固定螺栓带上后,先

不要拧紧,检查翼子板总成与前车门的间隙是否在2.8~5.8mm范围,然后分两次将固定螺栓逐个按规定力矩拧紧。

(2)拧紧力矩为7.5N·m。

> **提示**
>
> 前翼子板与发动机舱盖之间的标准间隙为2.3~5.3mm,安装到位后,应在标准间隙范围内。

6 1号将前翼子板固定螺栓安装到位后,检查翼子板总成与前车门总成之间的间隙。

> **提示**
>
> 前翼子板与前门之间的标准间隙为2.8~5.8mm,安装到位后,应在标准间隙范围内。

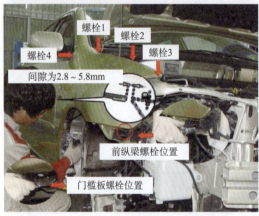

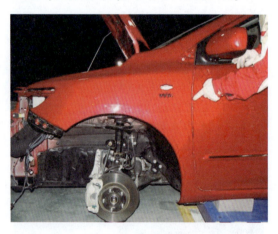

5 1号将前翼子板固定螺栓安装到位后,将发动机舱盖放下,并检查翼子板总成与发动机舱盖总成之间的间隙。

第十一步 安装侧转向灯及反光镜装饰罩

1 1号将侧转向灯插接器从转向灯孔中穿出,并将转身灯插接器和转向灯接上。

项目十一　前翼子板总成拆装与更换

> **提示**
>
> 将手伸入翼子板内侧,捏住插接器,并将其从转向灯孔中穿出(如挡泥板在未拆卸状态下,可用细铁丝伸入孔内钩出)。

2 1号用双手拇指将侧转向灯按入转向孔内。

> **提示**
>
> 侧转向灯一侧有活动扣,材料多为塑料件,按入时,注意活动扣后按入,且用力要适度,防止损坏活动扣。

第十二步　安装前围板上通风栅板

1 1号将上通风栅板扣入风窗玻璃内,使上通风栅板上的14个卡扣与风窗玻璃接合。

> **提示**
>
> 上通风栅板为塑料材料,装入时,用力要适度,防止扣坏。

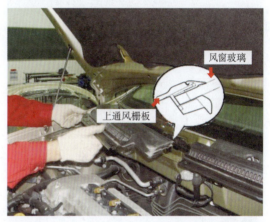

3 1号用双手拇指将前柱上分盖总成按入前柱。

2 1号将发动机舱盖至前围上密封条装上,并将卡扣装入。

> **提示**
>
> 前柱上盖分总成为塑料材料,装入时,用力要适度,防止损坏。

> **提示**
>
> 卡扣为塑料材料,装入时,用力要适度,防止损坏卡扣。

第十三步　安装前刮水器总成

1 1号把发动机舱盖总成放下,并将两个刮水器总成装入刮水器连杆分总成。

> ⚠️ **提示**
> 刮水器臂总成与连杆总成为锥形过盈配合,装入时靠螺栓压紧,压紧时,要先检查刮水器总成安装位置是否到位。

2 1号将刮水器总成放下,检查刮水器总成安装位置。

> ⚠️ **提示**
> 刮水器总成安装后要与风窗玻璃上的安装记号位置对齐。

3 1号用手将刮水器固定螺栓拧入刮水器联动杆中。

> ⚠️ **提示**
> 先用手拧入固定螺栓,是为了防止螺栓在用工具拧紧前产生打滑,损坏螺纹。

4 2号将 $\phi 10mm$ 套筒、接杆、棘轮扳手组合后递给1号。

5 安装位置对齐后,1号先用手将固定螺栓拧入2~3牙,再用 $\phi 10mm$ 套筒、接杆、棘轮扳手将2个刮水器臂固定螺栓拧紧。

> ⚠️ **提示**
> 拧紧固定螺栓时,要用手扶住刮水器总成,防止安装位置改变。

项目十一　前翼子板总成拆装与更换

6 1号将刮水器总成端盖按入刮水器连杆分总成。

> ⚠️ 提示
>
> 端盖为塑料材料,装入时,用力要适度,防止损坏。

2 1号用手握住翼子板内衬前端,将翼子板内衬装入挡泥板位置。

> ⚠️ 提示
>
> 翼子板内衬为塑料材料,装入时,用力要适度,防止损坏。
>
> 翼子板内衬要完全贴合挡泥板结构件。

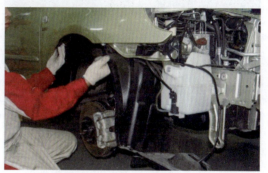

第十四步　安装前翼子板内衬
（带前翼子板挡泥板总成）

1 1号将翼子板内衬加强板装入翼子板内,并将翼子板内衬加强板固定扣扣入。

> ⚠️ 提示
>
> 翼子板内衬加强板为塑料材料,装入时,用力要适度,防止损坏。
>
> 装入翼子板内衬加强板时,要完全贴合挡泥板结构件。

3 1号将前翼子板内衬4个密封垫和8个内衬卡扣扣入相应安装孔内。

> ⚠️ 提示
>
> 密封垫应更换新件,安装时,扣入后要完全贴合内衬板。
>
> 卡扣为活动扣形式,装入时,先将活动扣拉到移出位置,装入后,将活动扣按下。

4 1号使用 ϕ10mm 棘轮扳手将前翼子板6个螺栓拧紧,同时将前轮挡泥板总成2个固定螺栓拧紧。

125

> **提示**
>
> 拧紧螺栓时,先将螺栓拧入2~3牙,再用扳手将固定螺栓完全拧紧。
>
> 拧紧力矩为2.5N·m。

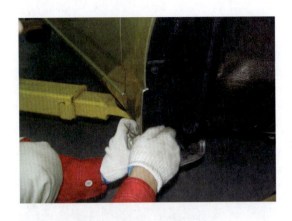

第十五步　安装前车轮

1 1号单脚跪地,双手扶住轮胎外胎侧,将轮胎装入。

> **提示**
>
> 在搬运轮胎过程中,双手必须放在轮胎的外胎侧,不能将手放到里面轮辋处。更不能将轮胎放在地上滚动。

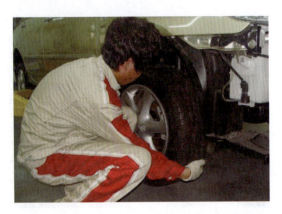

2 1号用手将4个轮胎固定螺栓先拧紧,然后用φ21mm套筒、接杆、扭力扳手将轮胎4个固定螺栓拧紧。

> **提示**
>
> 预紧固定螺栓时,轮胎脱离地面,用力要适度,防止碰到漆面。

3 2号将举升机降下,使轮胎与地面接触,1号使用φ21mm套筒、接杆、扭力扳手将轮胎4个固定螺栓拧紧。

> **提示**
>
> 拧紧轮胎固定螺栓时,汽车不能在顶起位置,否则在拧紧过程中,轮胎要打滑。
>
> 拧紧力矩为103N·m。

第十六步　整理工位

1号、2号共同清理、整理工具等;清扫地面卫生。

项目十一 前翼子板总成拆装与更换

> **提示**
> 作业项目完成后,要搞好工位的清扫、整理工作,培养良好的工作习惯。

八、考核标准

考核标准表

考核时间	序号	考核项目	满分	评分标准	得分
30min	1	作业前整理工位	6	酌情扣分	
	2	安全防护用品的使用情况	2	操作时不戴手套扣2分	
			2	操作时不穿安全鞋扣2分	
	3	工具使用情况	2	未正确使用一字螺丝刀扣2分	
			2	未正确使用十字螺丝刀扣2分	
			2	未正确使用扭力扳手扣2分	
			2	未正确使用卡扣专用拆卸工具扣2分	
			2	未正确使用棘轮扳手、套筒、接杆工具拆卸扣2分	
	4	拆卸前车轮	4	未正确拆卸前车轮扣1分	
	5	拆卸前翼子板内衬	10	未正确拆卸前翼子板内衬扣1分	
	6	拆卸前刮水器总成	2	未正确拆卸前刮水器总成扣1分	
	7	拆卸前围板上通风栅板	2	未正确拆卸前围板上通风栅板扣1分	
	8	拆卸侧转向灯	2	未正确拆卸侧转向灯扣1分	
	9	拆卸反光镜装饰罩	2	未正确拆卸反光镜装饰罩扣1分	
	10	拆卸翼子板总成固定螺栓	7	未正确拆卸翼子板总成固定螺栓扣1分,拆卸过程中,漆膜损伤不得此项分	
	11	取下翼子板总成	2	未正确取下翼子板总成扣2分,取下时,损伤漆膜不得此项分	

续上表

考核时间	序号	考核项目	满分	评分标准	得分
30min	12	安装翼子板总成	2	未正确安装翼子板总成扣2分	
	13	安装翼子板总成固定螺栓	7	未正确安装翼子板总成固定螺栓扣1分	
	14	检查前翼子板总成与前车门总成之间的间隙	5	未检查间隙的扣5分	
	15	检查前翼子板总成与发动机舱盖总成之间的间隙	5	未检查间隙的扣5分	
	16	安装侧转向灯	5	未正确安装侧转向灯扣2分,侧转向灯卡扣断裂不得此项分	
	17	安装反光镜装饰罩	2	未正确安装反光镜装罩扣1分	
	18	安装上通风栅板	2	未正确安装上通风栅板扣1分	
	19	安装刮水器总成	2	未正确安装刮水器总成扣1分	
	20	安装前翼子板内衬	10	未正确安装前翼子板内衬扣1分	
	21	安装前车轮	4	未正确安装前车轮扣1分	
	22	超过规定操作时间	5	每超时1min扣1分,扣完为止	
	23	遵守相关安全规范		因违规操作造成人身和设备事故的,总分按0分计	
		分数合计	100		

知识拓展

汽车轻量化结构设计——塑料翼子板

塑料翼子板与金属材料翼子板相比具有如下优势：

(1) 轻量化:塑料翼子板与金属材料翼子板相比,减重效果可达45%以上,同时达到节能降耗环保功能。

(2) 模块化:塑料翼子板可以和保险杠支架组成模块,整体装配,减少零件增加所带来的装配误差,从而提高保险杠装配精度。

(3) 提高效率:采用模块化供货可以减少主机厂内部相关零件的装配工序,实现整体一次性装配。

(4) 节约成本:可减少工装和设备的投资成本,提高OEM的竞争水平。

(5) 安全:塑料材料良好的抗冲击性能赋予塑料翼子板更好的能量吸收性能,轻松达到行人保护的要求。

(6) 造型自由度:塑料比金属具有更大的设计自由度,能让汽车制造商制造出外形优美、结构复杂以及配置最佳的汽车以吸引消费者的眼球。

(7)耐侵蚀和轻微碰撞：塑料翼子板的这一特点，可以进一步减少汽车维修成本。

凭借上述七大优势，塑料翼子板在欧、美已经得到广泛应用，并得到了客户的肯定。宝马、奔驰、大众、雷诺、雪铁龙、标致等国际大公司都早已有塑料翼子板的实际应用。成功案例车型有 BMW6 系列、标致 307、奔驰 CL600 和 CLASS A、大众新甲壳虫、雷诺 CLIO Ⅱ和 CLIO Ⅱsport、日产 ALMARA 等。

项目十二　前风窗玻璃总成拆装与更换

一、项目说明

1. 概述

随着现代轿车外形日新月异的变化需求，汽车风窗玻璃已经采用单件式弯曲风窗玻璃的设计形式，并逐渐抛弃了平面型的风窗玻璃。如今的汽车风窗玻璃一般都做成整体一幅式的大曲面形，上下左右都有一定的弧度设计。这种曲面玻璃不论从加工过程还是从装嵌的配合角度来看，都是一种技术要求十分高的工作，它涉及车型、强度、隔热、装配等诸多工序。

80多年前，美国的亨利·福特公司最早将前风窗玻璃广泛地安装在"T型"轿车上，当时是用平面型前风窗玻璃安装在车厢的前端，使驾驶人避免风吹雨打之苦。

2. 作用

汽车上的风窗玻璃与人们日常生活中所见的门窗玻璃性能上有很大的区别，门窗玻璃只要一块小石子就可以将其敲击打碎。而汽车上的风窗玻璃即便是使用大铁锤敲打，也不容易打碎。其主要原因是门窗玻璃是平面玻璃并且没有经过特殊处理，汽车上的风窗玻璃具有一定的弧度而且还经过特殊的钢化处理。从而使得风窗玻璃坚硬不易破碎，大大增加了驾驶人及乘客的安全系数。

风窗玻璃的用途通常是保护驾驶人及乘客人员不受到风、雨、极端的温度、迎面而来的灰尘、昆虫、石子等影响，并且可以正常行驶，车辆内部提供了一个空气动力学制造的窗户面向前方，使得驾驶人前方道路视线开阔清晰。

风窗玻璃除了上述的作用外，同时还兼具采光的作用，是驾驶人员安全驾驶的重要保障。从而有效减少交通事故发生的概率，提高了汽车行驶的安全系数。有时候风窗玻璃上还会加上防紫外线的保护膜以阻挡强烈刺眼的阳光和有害的紫外线。使得驾驶人视线柔和舒适，驾驶汽车更方便轻松。

3. 结构

早在1919年，汽车工业才刚起步不久的年代，当时的汽车速度相当缓慢，还没有安装风窗玻璃。人们为了防御恶劣的天气等条件，一般都使用护风镜。但随着汽车工业的不断发展，车速也不断地加快，小小的护风镜满足不了使用条件。从这以后的几十年间，玻璃业逐步涉足汽车工业，创造了多种安全风窗玻璃——夹层玻璃、钢化玻璃和区域钢化玻璃等品种，极大地改善了汽车玻璃的性能。

汽车风窗玻璃的结构一般为夹层钢化

玻璃,但普通夹层玻璃阳光透射率高,紫外线、红外光阻隔性能差,在炎热的夏天,强烈的阳光照射导致车内温度升高,车内设施老化速度加快,影响驾驶人员的乘车环境,增加了空调电能的消耗。处于安全耐用性能方面考虑,汽车风窗玻璃的制造工艺越来越复杂,相继出现了夹层玻璃、钢化玻璃、有机玻璃等。现代汽车的风窗玻璃结构大多为带 EVA 膜的多层夹层钢化玻璃形式。

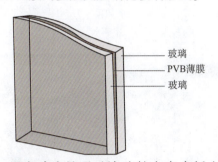

风窗玻璃是通过涂胶粘在车身钣金件上的,涂胶以及装配工艺不当就会造成风窗玻璃与车身钣金件粘接不牢固,从而导致风窗玻璃与车身钣金件粘接处漏水。下雨天会给驾驶人员带来无穷无尽的烦恼,严重影响汽车的使用性能。

二、技术标准与要求

(1)汽车风窗玻璃安装的施工场地要求通风和照明良好,最佳施工条件:温度为 20~30℃,湿度为 50%~70% RH。超出温度 5~40℃、湿度 40%~85% RH 的范围需谨慎施工。

(2)初学者需要将预装玻璃扣合在窗框上进行预装步骤,检查玻璃与窗框的吻合程度,根据情况校正窗框,合格后取下玻璃。

(3)基材表面确保无油脂、无灰尘及其他杂质。如果原基材表面有残留的底胶,需保留 2~3mm 的底胶,切记不可完全去除,有利更换后保证其密封性能。

(4)打密封胶时,需要根据待粘部位的宽度,适中地把配套的塑料胶嘴切成三角形开口。推荐开口尺寸为:宽×高 = 12mm×15mm,打密封胶完毕时,需要静置 5~10min。

(5)安装完毕风窗玻璃后,需要使用保护胶带或玻璃吸盘进行固定,直至胶黏剂固化,一般需要 24h 左右。

(6)风窗玻璃安装完毕后 1~2 天,需要对汽车前风窗玻璃部位进行检漏试验。

三、实训时间

理论课时为 2 课时,实操课时为 4 课时。

四、实训教学目标

1. 知识目标

(1)了解前风窗玻璃总成的组成及结构特点。

(2)熟悉前风窗玻璃总成在车身上的设计特点和作用。

2. 技能目标

(1)掌握前风窗玻璃总成的拆装与更换操作技能。

(2)掌握拆装前风窗玻璃过程中,各附件的拆装工艺。

五、实训器材

风窗玻璃胶穿孔器、摇柄式绞丝盘、热风枪、钢丝、玻璃吸盘、玻璃胶及附件用品、打胶器、铲胶刀、塑料刮板。

六、教学组织

1. 教学组织形式

每工位安排 4 名学生参与实训，2 名学生为一组，单人操作，另 1 名学生辅助。一组操作，一组观察学习。

2. 学生站位分工和要求

2 名学生一组，按照 1 号、2 号进行编号，1 号为主，2 号为辅助。

3. 实训教师职责

讲解操作步骤和注意事项；下达"操作开始"口令；工位间巡视、检查、指导和纠正错误。

4. 学生职责变换

2 名学生实行职责变换制度，即第一遍 1 号为主，2 号辅助；第二遍 2 号为主，1 号辅助。

七、操作步骤

第一步　事前准备

1 参训学生将工位卫生清理干净，排除障碍物，准备好相关的工具、物品等。

提示

培养良好的工作习惯，做好事前准备，有利于安全操作和提高工作效率。

2 1 号打开汽车左前门，拉紧驻车制动器操纵杆，并将变速器置于空挡位。

提示

为保证车辆在工位上的可靠停驻，防止出现溜滑，造成安全事故。因此，要拉紧驻车制动器操纵杆并将变速器置于空挡位。

第二步　附件拆卸

1 外饰件拆卸。

提示

汽车风窗玻璃拆装前，首先要将车辆的外饰部件进行拆除，如汽车顶部和风窗玻璃的连接压条，以及与风窗玻璃连接的一些功能部件。

2 内饰件拆卸。

> **提示**
>
> 外饰部件和与风窗玻璃连接的部件拆除后,将妨碍风窗玻璃拆装的内饰部件进行拆除,如 A 柱内饰板、雨滴传感器、信号接收器等,最后需要对操作中可能伤害的车身部位进行必要的防护。

第三步　风窗玻璃的拆卸

1 玻璃胶穿孔,使用热风枪和玻璃胶穿孔器相配合,一边加热一边将玻璃胶穿孔器穿透固化的玻璃胶。

> **提示**
>
> 操作过程中,注意热风枪的加热温度,以免因加热温度过高导致烫伤手部。同时也要避免温度过低,硬穿玻璃胶而造成风窗玻璃二次破裂。

2 风窗玻璃穿孔器穿透玻璃胶后的效果图。

> **提示**
>
> 由于风窗玻璃穿孔器为细长的针状,穿透的瞬间,避免用力过大损伤车身的膝面。

3 将钢丝的端部折弯成小开口形状。

4 钢丝折弯的小开口穿过玻璃胶穿孔器的小圆孔。

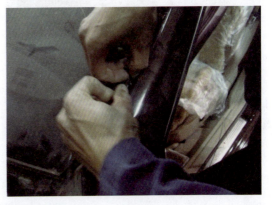

> ⚠ 提示

钢丝的硬度比较高且带有尖锐状的针头，操作过程中需要认真仔细，避免造成手部受伤和膝面的损伤。

5 钢丝穿过玻璃胶穿孔器后，主操作人员在车辆内部缓慢地拉动玻璃胶穿孔器，辅助操作人员注意观察外部的情况。

> ⚠ 提示

(1) 二位操作人员需要密切配合，随时注意钢丝绳和玻璃胶穿孔器的情况，避免产生风窗玻璃边缘操作位置二次破损。

(2) 拉动玻璃胶穿孔器前，需要留出足够长的钢丝绳长度，方便后续的操作，一般以一半钢丝绳长度为宜。

6 主、副操作人员配合，整理钢丝绳并将其嵌入至风窗玻璃边缘处。

> ⚠ 提示

钢丝绳嵌入风窗玻璃边缘过程中，同时需要将钢丝绳固定，可以借助风窗玻璃拐角处的力进行固定。

7 参照以上相同的步骤，将另一侧钢丝绳穿过风窗玻璃。

8 主操作人员进入车内，采用真空吸力的作用将(单轮)摇柄式绞丝盘固定于汽车风窗玻璃内侧。

> ⚠ 提示

(1) 风窗玻璃内侧的安装位置和摇柄式绞丝盘的吸盘部位应保持清洁无污染物，确保摇柄式绞丝盘工作过程中不会脱落。

(2) 安装摇柄式绞丝盘过程中，需要将钢丝绳中间部位扣入绞丝盘滚轮处，并适当的施加拉力将钢丝绳拉紧。

项目十二　前风窗玻璃总成拆装与更换

9 参照上一步骤,将(双轮)摇柄式绞丝盘安装于风窗玻璃内侧。

> **提示**
>
> 单轮与双轮摇柄式绞丝盘的区别在于安装钢丝绳的部位不同:单轮为安装钢丝绳中间部位,起固定作用。双轮为安装钢丝绳端部,起绞丝作用。

10 摇动摇柄拉紧绞丝盘的棘轮,利用钢丝绳被拉紧的力,切割风窗玻璃的固化胶。

> **提示**
>
> 主操作人员摇动摇柄式绞丝盘过程中,辅助人员要密切观察钢丝绳的情况,应避免钢丝绳切割到风窗玻璃边缘。

11 根据风窗玻璃固化胶的切割情况,以及辅助人员的观察情况,主操作人员需要对摇柄式绞丝盘的位置进行随时调整,同时还需要借助塑料刮板,对内部的钢丝绳与顶部内饰板之间进行隔离,避免顶部内饰板的损坏。

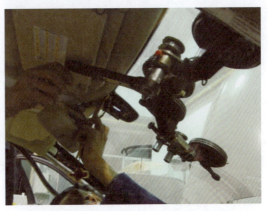

12 风窗玻璃固化胶切割完毕后,主、副操作人员相互配合,使用玻璃吸盘或直接用手将破损的风窗玻璃取下。

第四步　风窗玻璃安装前准备

1 采用铲胶刀,对切割完毕的车身风窗玻璃固化底胶进行修整处理。

> **提示**
>
> (1)固化底胶与汽车车身有完美的结合效果,修整过程中,需要预留1~2mm的底胶厚度,因为原厂的玻璃底胶和所用的聚

135

氨酯胶是兼容的,这样能保证形成的玻璃胶条与车身风窗玻璃框表面具有较高的强度。

(2)风窗玻璃切割过程中,如车身框面的漆面受损,应立即修补处理或涂抹专用的底漆涂剂以防车身框面腐蚀生锈后漏水。

2 用清洁布(无纺布)配合清洁剂对车身框上的粘贴表面进行擦拭清洁,不能留存灰尘油污。

提示

没有专用清洁剂也可以使用除油剂替代,清洁完毕后,需要静置风干10min左右。

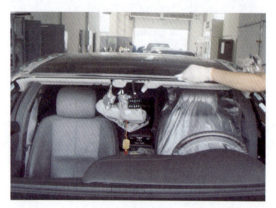

3 车身框表面的底涂剂施工。

提示

涂抹底涂剂(尽量选择和玻璃胶配套的底涂剂),以增加附着力,底涂剂涂抹后也需要静置风干10min左右。

4 风窗玻璃内侧表面的底涂剂施工。

5 利用真空吸力将玻璃吸盘安装于风窗玻璃表面的外侧。

提示

玻璃吸盘安装完毕后,需要进行牢固度检测,用力压住风窗玻璃,同时拉动玻璃吸盘,是否会产生松脱现象。

第五步　打胶施工

1 利用美工刀将塑料喷嘴切割成高度约8mm的三角形状。

> ⚠ 提示
>
> 这样的形状能确保玻璃胶挤出后，切面是高约13mm的正三角形状，三角形状的玻璃胶条在风窗玻璃黏合时向下挤压，形成5~8mm的黏结层厚度，此时的黏结层上下均匀，且不易存有气泡，并可减少渗漏的可能性。

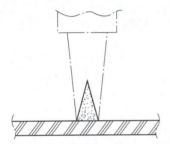

2 打胶施工理想的胶条效果图。

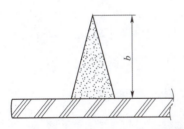

3 利用压缩空气和胶枪将玻璃胶均匀地涂于车身框表面，进打胶施工。

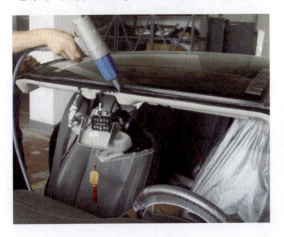

> ⚠ 提示
>
> （1）玻璃胶在涂抹时，尽量减少间断，如必须间断，间断的接合处应尽量选择在风挡框的侧面或下面，因为形成玻璃胶条时的间断接合处很容易产生气泡而发生渗漏。
>
> （2）玻璃胶条的两端接合处需要重叠3~5mm。

第六步　风窗玻璃的安装

1 主、副操作人员相互配合，握住预先安装好的玻璃吸盘把手，将风窗玻璃移至车身玻璃框表面上方。

> ⚠ 提示
>
> （1）每一种玻璃胶固化的时间都是不一样的，施工前要充分了解所用玻璃胶的工作时间和完全固化时间。
>
> （2）工作时间是指：玻璃胶在风窗玻璃框表面至安装风窗玻璃所允许的时间。超出这个时间，玻璃胶开始固化，会影响风窗玻璃安装的位置(高度)和黏结强度。
>
> （3）完全固化时间是指：风窗玻璃安装完毕至完全固化并可以行驶的时间，这个时间内车辆移动可能造成风窗玻璃移位而密封不良并使强度降低。

2 主、副操作人员确定风窗玻璃安装

标记位置，并将风窗玻璃安装至车身玻璃框表面。

> **提示**
>
> 玻璃在安装时一定要按原车的技术参数安放到位，没有技术参数按旧玻璃的位置安放，注意玻璃的高度，以及左右两侧的对称间隙。

3 风窗玻璃安装到位后，使用吸盘或胶带将风窗玻璃与车身进行临时固定。

> **提示**
>
> 临时固定大概需要维持24h左右，等待玻璃胶完全固化后，方可取下临时固定的物品。

4 手部轻轻压住风窗玻璃，并沿车身风窗玻璃边框接合处位置用力挤压，将玻璃胶内部的气泡挤出，以此获得良好的接合效果。

第七步　密封性检漏施工

经过大约24h，玻璃胶完全固化后，使用高压水枪对准前风窗玻璃接合处，进行风窗玻璃的密封性检测工作。

> **提示**
>
> 密封性检漏工作非常重要，如果发现有密封不严实而漏水的情况，需要进行返工或维修处理，避免车身玻璃框表面因雨水等浸蚀而造成腐蚀等现象。

第八步　清洁和附件的安装

1 参照第二步相反的步骤，将内饰件和外饰件全部安装至车身相应的位置。

项目十二　前风窗玻璃总成拆装与更换

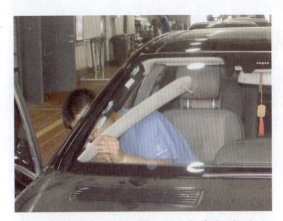

第九步　清洁整理工位

1号、2号共同清理、整理工具等；清扫地面卫生。

> ⚠ 提示
>
> 作业项目完成后，要搞好工位的清扫、整理工作，培养良好的工作习惯。

2 附件安装完毕后，对车身相应施工表面进行清洁工作。

八、考核标准

考核标准表

考核时间	序号	考核项目	满分	评分标准	得分
40min	1	作业前整理工位	6	酌情扣分	
	2	安全防护用品的使用情况	4	操作时不戴手套扣4分	
			4	操作时不穿安全鞋扣4分	
			4	操作时不穿工作服扣4分	
			3	操作时不戴防护镜扣3分	
	3	工具使用情况	2	未正确使用摇柄式绞丝盘扣2分	
			2	未正确使用打胶枪扣2分	
	4	拆卸外饰件附件	10	操作错误扣1分，损坏不得分	

续上表

考核时间	序号	考核项目	满分	评分标准	得分
40min	5	拆卸内饰件附件	10	操作错误扣1分,损坏不得分	
	6	玻璃胶穿孔	4	未正确穿孔扣4分	
	7	钢丝绳穿孔	4	未正确穿孔扣4分	
	8	钢丝绳安装	4	未正确安装钢丝绳扣4分	
	9	拆卸风窗玻璃	10	未正确拆卸风窗玻璃扣2分,损坏风窗玻璃及其他附件不得分	
	10	打胶	10	打胶成型后不符合规定形状和高度扣2分,胶条超出车身玻璃框不得分	
	11	安装前清洁	4	清洁不到位扣1分,未清洁不得分	
	12	安装风窗玻璃	10	未正确安装风窗玻璃扣2分,安装不到位不得分	
	13	临时固定风窗玻璃	4	未正确进行临时固定扣4分	
	14	超过规定操作时间	5	每超时1min扣1分,扣完为止	
	15	遵守相关安全规范		因违规操作造成人身和设备事故的,总分按0分计	
		分数合计	100		

知识拓展

汽车风窗玻璃标识

汽车风窗玻璃的左(右)下角位置,印有生产厂家的安全认证信息,进口车(正规渠道)也不例外,这是国家强制要求的。一般来讲,国产汽车风窗玻璃上的标识可分为四大类:国家安全认证标识、国外认证标识、汽车生产厂标识、玻璃生产企业标识。

1. 国家安全认证标识

汽车用安全玻璃属国家强制认证产品,所以汽车上的每块玻璃上都印有国家安全认证标识,也就是俗称的"方圆标志",这是汽车玻璃上最常见也是最重要的标识。

2. 海外认证标识

如美国的"DOT"标识、欧洲的ECE的"E"标识等,表示该产品也经过了这些国外认证机构的认证许可,并可以向国外出口。

3. 汽车产商认证标识

一般而言,玻璃生产厂会依据汽车生产厂的要求在玻璃上印制该汽车生产厂家的标识,如商标、公司名称等。

4. 玻璃生产企业标识

玻璃生产企业会在自己生产的玻璃上印制商标或公司简称,如FY就是福耀汽车玻璃的简称。